他們沒有請求要來到這個旅程中，
但我們的兒女和父母，
連同我們的孫兒們，
都一起來組成一個新家庭。

我們一起歡笑，
我們一起祈禱，
有些時候我們會一起哭。
所以，這本書是見證邁向融合的旅程的一部分。

因此我們親切地把這本書獻給：

我們極好的父母親：威廉和諾爾瑪．索納貝爾提（William and Norma Zonnebelt），他們在許多的挑戰中支持我們；

還有我們寶貴的兒女與孫兒們，莎拉（索納貝爾提）．伯德（Sarah〔Zonnebelt-Smeenge〕Byrd），與她的丈夫克理斯（Chris）及他們的兒女凱萊布（Caleb）和佐伊（Zoe）；

布賴恩．德弗里斯（Brian De Vries）及他的太太馬西婭（Marcia）；

克理斯廷（德弗里斯）．休爾廷克（Christine〔De Vries〕Hultink）與其丈夫托特（Todd）及他們的女兒漢納（Hannah）、索菲（Sophie）；

卡麗（德弗里斯）．蓋斯白（Carrie〔De Vries〕Geisert）與她的丈夫邁克爾（Michael）及他們的兒女埃利奧特（Elliot）、海登（Hayden）和奧利弗（Oliver）。

他們參與了我們的旅程，與我們成為一個大家庭。

真善美叢書

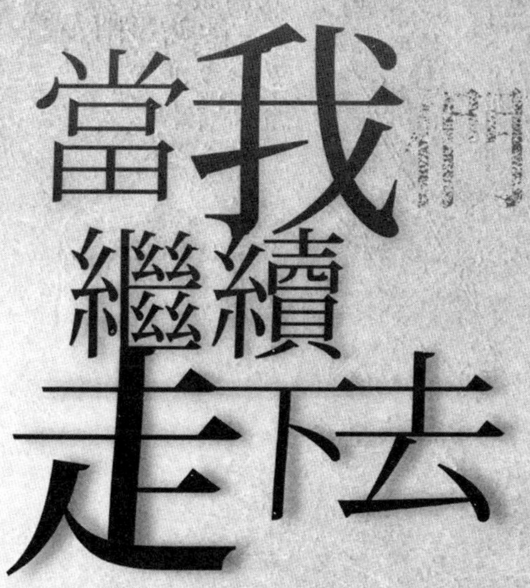

當我們繼續走下去

喪偶或離婚後重新擁抱生命

蘇珊．索納貝爾提
羅伯特．德弗里斯 著

郭靈飛 譯

▼

真善美叢書

當我繼續走下去

喪偶或離婚後重新擁抱生命

From We to Me

Embracing Life Again After the Death or Divorce of a Spouse

作者
蘇珊．索納貝爾提 Susan J. Zonnebelt-Smeenge
羅伯特．德弗里斯 Robert C. De Vries

翻譯
郭靈飛

責任編輯
羅慧琪

裝幀設計
奇文雲海．設計顧問

■

出版／發行
基道出版社
香港沙田火炭坳背灣街26號富騰工業中心1011室
LOGOS PUBLISHERS
Unit 1011, Fo Tan Ind. Centre, 26 Au Pui Wan St., Shatin, Hong Kong
電話：(852) 2687-0331　傳真：(852) 2687-0281
網址：http://www.logos.com.hk

承印
陽光印刷製本廠

●

4/2012 初版
Cat. No. LP763
ISBN: 978-962-457-439-5

刷次	10	9	8	7	6	5	4	3	2	1
年份	2021	2020	2019	2018	2017	2016	2015	2014	2013	2012

簡介與鳴謝

自從我們的第一任配偶過身以後，這是我們一起著作的第五本書。在我們的著作和講座中，我們就著當前的課題提出心理和靈性兩方面的觀點。我們有三本書是處理親愛的人離世所帶來的哀傷；其中兩本是針對任何關係的，另一本則是特別針對那仍在世的配偶。還有一本書是處理一個人對死亡的準備，無論他/她是年青而健康的，或是年老而患病的。

我們在這最新的書中，冒險地進入一些我們的新領域，因為我們不僅是與那些因死亡而失去配偶的人談話，也是與那些因離婚而失去配偶的人談話。最主要思考的問題是，一個人如何重新定義他或她自己，並且重新投放資源於生活中，使之變成有滿足感和有益處。最終這些挑戰總會使一個問題出現：一個人是否想開始約會。對一些人來說，保持單身是更可取的選擇，所以我們會談及在婚姻結束後，你如何充分地擁抱這種生活方式。其他人可能會希望約會，也或許會因而進入另一段密切的關係，以及或者會再結婚。那麼若一個人真的再結婚，我們會討論如何把兩個家庭健康地融合起來。

我們要答謝我們的兒女及蘇珊的雙親，他們在這本書的誕生中所扮演的角色。這是我們的集體經歷——無論有些時候情況是好的，還是壞的。我們所有人都嘗試在組成一個新家庭的事情上坦白。即使在我們兩人十三年奇妙又令人驚喜的婚姻生活之後，這個旅程仍然持續下去。

我們也要答謝我們親近的個人朋友（他們希望能保持匿名），我們在這書中稱呼他們為埃德（Ed）與瓊（Jean）。他們都是離婚以後與對方結為夫婦的。他們連同他們的兒女（也是化名的）參與，讓這本書成形，並提供豐富的題材。他們的故事是真實、富挑戰性和有盼望的。

我們也感激我們的好朋友道格與加羅爾．路德（Doug and Carol Luther），在評閱我們的稿件時所給予的意見。他們也是走過鰥寡的旅程，之後一起開展生活的。

在過去十二年，我們一直協助「（密歇根州）更大急流村喪偶人士服務中心」（Greater Grand Rapids Widowed Persons Services〔MI〕）「年青喪偶人士支持小組」的工作；我們也要答謝數百名參與這小組的人。我們見到他們很多人加入這個小組時對自己的未來充滿憂愁、恐懼與焦慮，但在僅僅一至三年時間後，他們便走出來，從新生活的可能性中得著鼓舞。

如果我們沒有同樣認同 Baker Publishing Group 中作出貢獻的員工，那麼我們就太疏忽了。我們自從一九九八年開始與他們進行出版工作，他們給予我們莫大的支持和鼓勵。我們特別要多謝高級組稿編輯羅伯特．霍薩克（Robert Hosack）。我們與他分享我們的異象、夢想，也有些時候是分擔挫敗。他對我們在這些主題方面的寫作與演講的信任，是我們極其欣賞的。我們也多謝一般圖書類助理編輯主任基里斯汀．科爾魯利耶（Kristin Kornoelje），清晰地表達對我們著作的意見。

這本書見證的事實是：你**可以**走過配偶死亡或與配偶離婚後的哀傷。我們盼望的是：在失去配偶這重大和令生命改變的事件後，你在邁向再次完全地擁抱生命的旅程上，這本書能給你寶貴的資料和亮光。

蘇珊．索納貝爾提（Susan J. Zonnebelt Smeenge），
註冊護士、教育博士
羅伯特．德弗里斯（Robert C. De Vries），
教牧學博士、哲學博士

作者介紹

這本書的孕育期長達十三年，從我們一九九七年結婚開始，直到它在二〇一〇年出版。我們收到很多的請求，叫我們寫點東西給那些從哀傷中走出來，要面對將來的人。然而，我們真想涵蓋整個範圍的可能性，所以對於我們自己的融合，我們需要更多經驗，以致我們能夠書寫關於這個主題的書。我們現今已走過鰥寡，擁抱單身生活，約會，然後結為夫妻，致力於融合兩人家庭的道路。由於這本書包含這麼多我們的心和靈魂，我們認為你若能在閱讀之前認識我們兩人多一點，可能對你有幫助。

蘇珊 · 索納貝爾提（註冊護士、教育博士）是密歇根州（Michigan）大急流村悲傷休歇基督教精神健康中心（Pine Rest Christian Mental Health Services）的註冊臨牀心理學家。她的專業生涯是從當註冊護士開始的，最終她教授護理科。但當她的丈夫理克（Rick）在三十歲時確診患了腦腫瘤後，她決定攻讀一個博士課程，成為註冊臨牀心理學家，以致能給自己、丈夫和女兒較穩定的生活和經濟支持。理克接受了多次預後（prognoses），以為存活的日子短暫，卻活了差不多十八年，度過了二十四年的婚姻生活後，在一九九四年過身。那時候，蘇珊四十六歲，而她的女兒莎拉（Sarah）十八歲，剛剛入讀大學。由於理克接受了放射性治療，並被診斷為末期病人，他與蘇珊並沒有其他子女。

羅伯特·德弗里斯（教牧學博士、哲學博士；按：暱稱鮑勃〔Bob〕）是北美基督教改革宗教會（Christian Reformed Church）所按立的牧師。這個宗派約有二十萬名會友，主要位於美國北部及西部與加拿大。他的太太查爾（Char）在四十七歲那年患了卵巢癌，她與羅伯特過了二十八年的婚姻生活，於一九九三年她患病三年半後去世。羅伯特當時五十一歲。他們有三名子女——布賴恩（Brian）、克理斯廷（Christine）及卡麗（Carrie）——他們在母親離世時剛進入成人階段。

在理克去世後七個月，我們以在專業裏的同事身分認識對方。在我們處理自己喪偶的事時，我們同時希望探討如何面對在我們的專業中作關愛者的挑戰。我們不久便斷定，在死亡和哀傷的課題上，我們都有共同的關注、經驗及專業意見，足以讓我們合作寫一本書，幫助那些同樣經歷配偶離世的人。在完成原稿之後，我們發現我們的關係可能可以有更進深的發展，正如一名記者評論說：「就在路上的某一處，戀愛悄悄地走近。」那本書《到哀傷的彼岸》（*Getting to the Other Side of Grief: Overcoming the Loss of a Spouse*）在一九九八年出版，及後共有英文、西班牙文、法文和荷蘭文版本。

我們在死亡與哀傷的課題上的著作、演講及輔導服務愈來愈多。我們寫了一本名為《空椅》（*The Empty Chair: Handling Grief on Holidays and Special Occasions*）的書，幫助一些家庭處理在年中一些日子裏，他們特別感受到所愛的人不在時的哀傷。《在死亡的陰霾下活出光采》（*Living Fully in the Shadow of Death: Assurance and Guidance to Finish Well*）是我們之後的項目。作為我們第一位配偶的照顧者，我們認識到當人仍然健康，或是當他們面對可能致命的疾病，而且/或者死亡的日子不遠的時候，幫助他們為自己的死亡作準備是至關重要的。出版《當我所愛的人離去了》（*Traveling through Grief: Learning to Live Again After the Death of a Loved One*）一書，我們再次把焦點集中在哀傷的旅程。我們認為因所愛的人死去而活在哀傷中的人必須刻意追求五個目標，因此我們在書中扼要地列出一些具體的活動與行為，以幫助人刻意地處理其憂傷，而不是單單（及無效地）等待哀傷去調整它自己。

當前這本書《當我繼續走下去》（*From We to Me: Embracing Life Again After the Death or Divorce of a*

Spouse)，記錄一個人在失去配偶後必須作出的許多選擇。這本書是我們較早前著作的延伸，因為我們在這裏涵蓋了因死亡和離婚所引致的喪失。我們認為這兩類人在重新定義自己和再投入生命的許多課題上顯著地有類同之處。一些問題例如是：「我現在是誰？」「我應該發展哪種生活方式？」「我應該保持單身還是開始約會？」「如果我要約會，我是真的想進入一段認真的關係，還是我應該讓約會保持在社交層面上的交往呢？」「如果我確實是認真對待另一段關係，也想邁向再結婚的話，那麼我需要知道甚麼和怎樣做呢？」並「倘若我真的再結婚，兩個家庭的融合牽涉甚麼東西呢」?

我們嘗試在這些範疇上給予指引，但是有些時候，我們只會講出我們的故事，讓你在敍述當中的各個地方找到你自己。我們的故事仍然繼續下去。另一個五或十年過去，可能會讓我們在融合兩個家庭的看法上有更多的亮光。但根據我們的經驗、專業的洞見，以及我們超過十年在哀傷與喪失的教育及輔導的共同努力，我們希望你在配偶離世或你與配偶離異後，在從「我們」去到「我」的過程中，我們的言詞能夠向你提供你正需要的幫助和指引。

我們準備好要對本書的名字作出最後的註解了。**「從我們到我」**（按：原書名的意思），表面上意味著這本書只是處理保持單身的事。但事實並非如此。我們會處理保持單身、約會、再結婚和融合家庭。但即使是要發展一段健康的再結婚關係，「我」仍然是那重要的關鍵。尤其是如果你第一次結婚的時候是很年青的話，你現在對自己的認識，可能跟以前不一樣。你當時沒有這樣豐富的人生經驗。如果你決定要再次成為「我們」，那麼認識你已成為的「我」，將會是一個健康的資產。只有當你真正「認識你自己」，你才能做健康的選擇。

目錄

日出

深紅色的光線侵蝕了黑夜。
日光靜悄悄、持續不斷地流動
愈來愈光亮
愈來愈高
照亮著花卉，同樣也照亮著錯失。
昨天的挑戰交織
明日的應許
在今天。
你一次又一次的開始。
日出。

1.

從「我們」到「我」
從你的哀傷旅程重新發現你自己

阿曼達(Amanda)的日記:我的朋友瑪利琳(Marilyn)今天幫助了我。她説:「像給編織在一起而造成的一幅掛毯,婚姻就好像這樣。當那幅掛毯被撕裂為兩半時,你怎可以期望突然間感到自己甚好呢?掛毯的周邊全都是粗糙與破爛的。」「正是這樣!」我想。我在高中的時候認識加里(Gary)。我們交往了八年。我們一起成長。我們慶祝我們的二十五週年紀念。現在他死了,我的生命顯得黑暗!我還會有將來嗎?我們曾經有一起的將來。我甚至不知道我需要甚麼,更加不知道怎樣去到那個地步。

喬希(Josh)的日記:我已把我的生活弄得一團糟——確實是這樣。她在六個月前搬走。我以為我會感到釋放和開心。畢竟，她不想再留在結婚關係裏。我感到很混亂和恐懼。哦，我時常會見到她——接送孩子、在學校的表演等等——但我們不再是夫妻了。我真的要靠自己。我沒有想過原來是這麼艱難的。所有的決定。其他所有人都似乎有將來，但是我連孩子的晚餐也未想到怎樣安排。

了解為何我會感到那麼糟——切斷了的連結

事情發生了！一些從來沒有人想面對的事情。喪失——重大的喪失。在你的人生當中，你可能會失去很多重要的事物，但沒有任何的喪失可以與失去配偶相比。在婚姻的祭壇前，你起誓在地上餘下的日子都會與這個人一起生活。你相信你的婚姻是快樂與滿足的。後來，這段婚姻結束了。無論它是因著死亡還是離婚，你絕對不想這事發生。

失去婚姻令你感到很糟，是嗎？你與配偶發展了深刻的依附關係之後，然後你們的關係終止了，這種痛苦可以是很強烈的。你們這兩個曾纏結在一起的生命要分離。那痛苦就如刀刺入你心一般。你與這個志趣相投者、愛人及最好的朋友曾經擁有的、在情感與肉體上的親密關係，都完結了。你一切的盼望、夢想、計劃及承諾都已消逝——完全徹底地摧毀，永遠不會按你所想像的出現。當你醒悟到這一點的時候，哀傷便把你淹沒了。

給喪偶者的話

我們大部分人都討厭**死亡**這個詞，因為它道出那不可說出來的事。你可能會以為死亡不會臨到你身上，至少會到你很老的時候——或者你以為你們可能會一起死去。你的配偶總是那個令你感到自己整全的另一半。喪偶人士常常說，他們感到自己不完整，好像只是「半個人」。這種感覺通常會維持好一段時間。這本書是關於你摯愛的伴侶不在，你如何可以成長，再次感到完整。

「我不想這事發生，我不該有這種遭遇！」很多喪偶人士察覺到自己無力避免那死亡的時候，都發出這樣的呼喊。如果你的婚姻是快樂又滿足的話，你可能會為著你們相處的時間而感恩。但這樣往往會使哀傷的痛苦在一段時間內顯得更加尖銳和強烈。即使是這樣，你也可能會有許多的遺憾——為著沒有成就你們共同的夢想而遺憾；沒有到某些你想你們一起去的地方，或者只是遺憾不能享受同偕到老。

雖然其他人可能會對你有點憐憫，但當你需要別人幫忙，或需要有人了解你正在經歷甚麼的時候，他們不一定在你身邊。但至少他們不會為著所發生的事而怪責你，並且他們應該會富同情心和同理心。另一方面，有些人可能會疏遠你，感到無法應付所發生的事情，或者他們可能無意識地恐懼自己的配偶也會同樣死去。得到別人的支持固然是有幫助的，但這畢竟仍然是你個人的旅程，你是惟一能夠幫你自己走過這段路的人。

我們以旅程來作比喻，是因為處理失去配偶的事情是一個需要花時間的過程。哀傷也令你要很費力才能再次找到你的方位，並且感到你即使是單身的，你仍是一個有價值的人。但是如果你繼續努力，又給你自己時間的話，你最終能夠痊愈並再次感到完整。

給離婚者的話

離婚——這個詞聽起來似乎是醜陋的東西，對嗎？沒有人結婚是希望自己的婚姻失敗。但是有許多情況會使兩個曾經結盟的人現今成為分離的敵對者。其他人可能認為你應該可以避免離婚的。或許你可能已經這樣做了。但也可能沒有。或者你飽受摧殘，因為你不想離婚，並且在某方面仍然愛你的配偶。或許你想嘗試接受輔導，但你的配偶決定要結束這段婚姻，不想努力解決問題。當然，當一個人拒絕和好的時候，這段婚姻是不能倖存的。一段健康的婚姻關係，是要雙方面努力的。

另一方面，你可能會覺得自己是受害者，因為對於你，這段婚姻不是一個健康的地方，所以你由於自我防衛的緣故而申請離婚。你遭受肉體或情緒上的虐待、不忠或某些沉溺行為的痛苦，是否已經到了一個不能再忍受的地步呢？或者你是否感到自己是沒有價值，在情緒上受到衝擊，你終於說你已經受夠呢？要結束你的婚姻往往是個這麼難做的決定，然而它最終是一個健康的決定。但願這個決定意味你是這麼珍惜你自己，以致你首先盡所能嘗試改變事情之後，便結束這段可恥而有害的關係。

反之，你可能是違背你們的婚姻諾言的人。你的愛情可能已經轉淡；你有婚外情；把自己沉浸在工作中，或是你在一種沉溺（如賭博、物質或色情書刊）中掙扎，最終令這段婚姻粉碎了。有些人錯誤地以為，你既然是提出離婚者，便不會為婚姻的結束而哀傷。但我們認為，沒有人在走上紅毯時，會希望婚姻有一天結束。一般來說，新娘與新郎會夢想共同過美妙的生活。你可能在你的婚禮誓詞中包括「至死不渝」，而現在你離婚是對那個承諾的嘲弄。所以，為你未能實現承諾，以及你們共同的盼望和夢想都完結，你感到哀傷。

無論你要接受離婚或是你提出離婚，在這兩種情況中，你現在也會為你所喪失的東西而哀傷。離婚事件裏，沒有一方是贏家。你們兩人不能成功地維持一段完整無缺的婚姻，所以現在你可能感到內疚、羞恥，或者彷彿你失敗了。你的哀傷旅程是獨特的，這視乎你個別的處境，然而它是困難的，因為一個打算是維持一生之久的誓言已經失落了。

面對哀傷所牽涉的一切

當你的配偶去世後，或當她/他離開家門的時候，哀傷便像烏雲一樣降臨。你的生命似乎是空虛與無望的。你仍然可能有些日子是難以相信這件事已臨到你。當你送孩子上學，用你一個人的收入在銀行簿上做結算，並筋疲力竭地獨自爬上一張冰冷、無吸引力的睡牀，與迫近你的可怕孤獨感搏鬥時，你失去配偶的現實便會一點一滴地爬入你的意識中。

你很可能已經發現，你所經歷的哀傷包含很多不同的元素。例如：哀傷影響你的**思想**方式，使你極難作出正面的決定。你平日的**行為**會受到影響，尤其是你的記憶力、專注力和推動力。哀傷會影響你的**身體狀況**，疲憊是其中一個罪魁禍首。倘若這一切還不足夠的話，還有那重大的喪失迫使你嘗試找出所經歷的折磨的意義。你可能會呼喊「為何是我？」和「為何是這個時候呢？」，這些問題往往引發更有深度的、**屬靈層面的**探索。當然，哀傷的**情感方面的**元素總是會重重地壓在你身上。你可能會經歷許多矛盾的感受，其涵蓋的範圍包括憂愁與痛楚，到憤怒、內疚、悔恨，而且也往往會感到一點解脱。感受是組成你個人獨特性的一大部分。與你的思想、信念與價值觀結合在一起，它們促成了你的獨特性。你的**感受**是沒有對錯或好壞之分的。感受就是**這樣**。你如何處理你的感受，才是決定你的行為是健康還是不健康的因素。感受隨著時間而改變，尤其當你處理它們，制定出新的思想和行為的時候。所以要小心，不要鄙夷摒棄或逃避你的感受，因為這會在今後引致其他身體或情緒上的問題。感受不會自己離開，它們是需要人開放和坦白地處理的。

要處理包含所有這些元素（你的思想、行為、身體徵狀、屬靈上的疑問，以及情緒反應）的哀傷，這個過程需要

的時間 —— 最少要一年，但往往需要兩至四年時間。花時間去哀傷對你的痊愈是必須的，但你也需要刻意地在五個哀傷的目標上努力；我們會在以後的部分描述這些目標。

給喪偶者的話

當你的伴侶離世，各種感受都會臨到你，雖然有些感受可能會令你尷尬，或者你會疑惑自己是否發瘋了。大部分喪偶人士在配偶去世後，都感到極其痛苦，也往往伴隨著如焦慮、空虛感、懊悔和恐懼等。另一方面，你可能在配偶去世之前曾經考慮過與他/她離婚。不是所有婚姻都是健康和快樂的。如果這是你的情況，那麼你的哀傷可能攙雜許多負面的感受。無論你的婚姻健康與否，快樂與否，或者是介乎兩者之間，你都會同樣經歷正面與負面的情緒。這是正常的。我們催促你尋求健康的渠道來宣洩情緒，例如是寫日記、寫信、哭泣、做運動及私下喊叫或哀號。

給離婚者的話

作為離婚人士，你可能發現，要處理你的情緒是需要你大量專注。如果是你的配偶提出離婚的話，你可能會感到無助，因為這不是你希望發生的事。處理你受傷和憤怒的感受，是需要時間和刻意的努力，以致苦毒不能把你抓住。如果是你提出離婚的話，你可能會為著使你的前度伴侶陷入困境而感到內疚。如果當中牽涉到還未獨立的孩子，你可能會關注離婚對他們所帶來的影響。你可能為著監護權的問題，或者你獲分配多少時間去養育子女的問題而感到焦慮。因為離婚往往是不受歡迎和不光彩的事，別人通常不會給予太多同情，而提供給雙方的支援也可能很少；這樣是可以帶來傷害的，也令處理這事顯得具挑戰性。

運用哀傷過程的目標

你對你配偶離世或對離婚的看法，是會影響你哀傷旅程的成效的。如果你能夠接受這喪失的事實，即使你不希望它發生，你已經為痊愈奠下健康的基礎了。雖然哀傷是一個獨特的個人旅程，我們相信每個人都需要致力於五個互動而非順序的目標，以致你能度過失去配偶的哀傷時期。無論你是喪偶或是離婚，我們認為這些目標都是你的治療所必需的。我們會在這書簡單地提及每項目標，但會集中討論其中兩項。至於其餘三項目標，你可以仔細地閱讀我們合著的其中一本書《當我所愛的人離去了》。[1] 你會在那本書找到每項哀傷目標的具體實踐方法的許多例子。你正在閱讀的這本書的目的，是要幫助你更具體地處理這五項目標中的其中兩項，是與你正重新發現的「我」有關的。它們是：

- 學習界定你現在是誰，這身分是獨立於你與前度配偶的關係的。
- 充分地重新投入於生活中，創造一個豐富、充實和滿足的「新的常態」——無論你是保持單身，還是稍後會再結婚。

另外三項目標不是本書的焦點，但把它們實行出來也是同樣重要的：

- 接受你的配偶已離世或是與你離婚的事實。
- 表達與這個重大喪失有關聯的一切情緒。
- 學習把你與前度配偶共同生活的回憶儲存起來，把這段關係放置在過去，同時又能夠在回想往事時，不再有起初因死亡或離婚而來的痛苦與傷痛。

要實現這些哀傷目標，**刻意**與**主動**是兩個關鍵的字眼。當你有動力與精力**主動**致力於達成這些目標的具體行為時，你便要**刻意**處理哀傷。這意思是，為了逐漸處理你的哀傷，你有許多需要做和面對的事情。

你的哀傷旅程無疑會有起伏，也有喜樂與憂愁。明白到生命是喜樂與悲傷的結合，有助你更加現實地理解所發生的事。沒有任何事物是完美的，或是能存到永恆。生命是個充滿動態變遷的持續過程。你的喪失已讓你經驗到一種深刻卻不想要的改變。現在你需要處理你的哀傷，藉著抓住你的痛苦，面對它，直到一個地步你不再感到你的喪失所帶來的強烈、撕裂心腸的悲傷。你要堅持一個信念，你將會熬過這件人生中最不幸的事，最終你會變得更加堅強和有智慧。

當你到達哀傷的終點時，已準備好踏上生命中一條新的道路，你要確保你已完成所有哀傷的目標，把你第四隻手指上的結婚戒指除下（用別的方法處理它），並且已向你的前度配偶說最後的道別。道別是困難的，尤其如果你不希望你的婚姻終結的話。你要向與配偶一起參與的各種生活處境，說數百次的再見，因為它們已不會再出現。每次你做一些新事，但你前度配偶不在的時候，你會察覺到。而終有一天，你會知道是時候要作最後的道別。你這一方需要作刻意的決定。用一個具象徵性和有意義的方式道別，例如是寫一封特別的信、讓氣球飛去，或者其他種類的儀式，是會帶來幫助的。到那時，你便預備好面對你自己的一個刺激新開始，是已經開展逐漸成為你的「新的常態」。盼望這「新的常態」包含及反映你處理哀傷旅程所達到的成長。

給喪偶者的話

隨著時間過去，盼望你已經接受你配偶去世了的事實，即是說，他/她不再在這世上生活了。有一段時間，你可能會以為你瞥見你已去世的配偶，或者聽到他/她的聲音。這是完全正常的。但慢慢你會領悟到，你的配偶真的不在世了，他/她永遠不會再使用其物品。所以你需要決定如何處置這些物品。這個過程是痛苦的，因為它標誌著你哀傷旅程中的重要一步，就是接受你配偶死亡的事實。

我們要慎重地提醒你，當你回憶與配偶共度的美好時光，你要保持這些回憶的平衡。你肯定會想記住所有美好的時刻，但不要忽略那些令人受挫折與憤怒的時候。有些人被困於一個觀念，認為記住這些負面的事是不忠和該受天譴的，或者對某些不能再為自己辯護的人，這是不公平的。但事實上，這才是現實和忠誠的。沒有人的婚姻是完美的，因為沒有人是沒有過錯或缺點的。如果你不是現實地回憶你們的關係，你的哀傷旅程便會更加複雜和延長，而且可悲的是，你可能未能適當地在哀傷旅程上繼續前進而達到彼方。

給離婚者的話

作為一個已離婚的人，你需要面對的事實，是雖然你的前度配偶仍然是活著的，但你與他/她已經不再是伴侶了。事實上，除了接受在離婚協議中對未成年子女的照顧外，你或許已切斷了與這個人的一切連繫。如果你們有孩子的話，你需要決定你與你的前度配偶如何合力供應他們的需要。如果你不想離婚，而你仍然愛你的配偶，那麼要建立一個沒有那個人的新生活是特別具挑戰性的。你需要努力放下你之前的伴侶。如果你的前度配偶出乎你意料之外在一個場合中出現，你會有何反應呢？或者，如果你之前的伴侶與另一個人開始一段新的關係，你會有甚麼感受呢？你需要道出你所有的感受，並接受連同離婚而來的艱難事實，以致你不再渴慕先前的關係，並且可以向治愈邁進。如果你現在因離婚所帶來的一切傷害與混亂，而極其討厭你的前度配偶，仍停留在苦毒與憤怒中，這也對你無益。雖然饒恕的過程可能艱難，但學習去處理你的強烈感受，以致它不再有威力，長遠來說是值得的。

成為未婚者：單身意味著甚麼？

你可能從來沒有想過會再次單身，尤其如果你認為結婚對你來說是最終、比較合意的身分。許多人不能想像自己是未婚者，也有些人認為單身生活只不過是短暫的狀況。

對大部分已婚人士來說，其他所有人都似乎是已婚的。然而，你知道美國的成年人口約有一半是單身的嗎？這個數據令許多人驚訝，可能是因為我們結婚之後，環繞在我們身邊的人基本上都是已婚人士，而非單身人士。因此，當你的婚姻結束後，你可能沒有太多單身朋友。當你處理你的哀傷，你需要致力於接受自己再次單身。你從「我們」轉變為「我」的時候，你需要處理這方面。

單身有其**正面**與**負面**的方面。從**負面**的角度來看，不再特別有一個人理應去照顧你的生活細節，也不再有你可以與之親密的人。你需要自己作抉擇，無論這結果是好是壞，你都要獨自負責。不再有一個與你有親屬關係的人，跟你一起為未來定下目標及計劃。從**正面**來看，你可以自己作抉擇，不用考慮其他人的慾望或感受。在用錢的模式、與孩子的關係、職業的選擇、社交或娛樂活動，或其他任何方面，你不必與另一個人協調了。

你已從已婚變為喪偶或離婚的。當你擺脫哀傷，盼望你能夠欣然接受自己是個單身人士。雖然單身的身分起先可能似乎是頗負面的，但盼望你能認識到，制定自己的生命路線及追求你所熱中的事物，是一個正面與令人興奮的機會；你不用被其他持不同想法、慾望和需要的人阻礙。

學習一些方法使你的單身生活成為正面的經驗，以致你可以擁抱你的單身新生活。

給喪偶者的話

成為喪偶人士並非你想要的標籤，然而沒有任何適切的字眼表示你的配偶已經去世的事實，或者捕捉他/她離世後你感受到的打擊。你的配偶由於意外，或醫療過程所引致的突發死亡，或由於長期病患致死，都是一些你要經歷的可怕事件。現在，這個人不再同在、幫助與支持；你要自己去決定怎樣調整你的生活了。

在你們結婚那天，你們發誓要彼此相愛直至其中一人去世為止。這個苛刻的現實就是：死亡使你們的婚姻結束了。你不再是已婚的。你需要解開你們夫婦間縷縷的細絲，認識你現在沒有配偶的身分。當你從哀傷中治愈，對稱自己為「單身」感到較舒服，這是個健康的表現。這並不是說，你不能以喪偶為由來解釋你是單身的狀況。你可能還未相信，你可以建立豐盛與有滿足感的單身人士生活，但你的挑戰是要發現一些可以如此做的方法，以致你能夠以健康的方式從「我們」變為「我」。

給離婚者的話

離婚之後，單身的身分可能會給你古怪的感受。你可能會察覺到其他人負面的論斷，說你未能保守你的婚姻完整，於是你感到尷尬或不濟。我們沒有人喜歡失敗，尤其當我們珍惜我們的婚姻，知道這是重要的。然而，很可能因為發生了一些事情，使這段婚姻遭受破壞，你們的關係疏遠了，不能妥善地解決一些問題。如果你是提出離婚的那一方，那麼單身聽來似乎是比較合你意的，總好過受困於一段沒有出路的婚姻中。另一方面，如果你的配偶是申請離婚的一方，你可能要面對一個十分不同的故事。你可能認為，你們的結合仍然有一些價值，想更用力嘗試修補這段婚姻。所以，你的婚姻狀況轉變，從已婚到離婚，這已經是很困難了，更不用說你要把自己看為單身人士。可是，你要堅持，因為這是旅程的一部分。我們認為你將會明白到，成為單身人士結果真的會有一些正面的得著，你便能夠找到因這身分而來的一些可享受之處了。

我的自尊怎樣了？

對其他人來說，從喪偶或離婚轉變到單身，似乎是一件自然而然的事。然而他們並不明白，你一旦不再有伴侶，要嘗試重新界定自己，你面對的內心掙扎。縱然有些人會儘量顯出真心的關懷，嘗試以同理心去了解你，但他們都不是你。他們的幫助只可以到這個地步。身為喪偶或離婚人士，你要適應獨自飛翔的時候，只有你才能弄清楚現在你是誰。

我們正在談及你的**自我形象**（你對自己的**看法**）、**自我概念**（你對自己的**想法**），以及**自尊**（你對自己的**評價**）。這三種成分，是組成你身分和你怎樣與別人連繫的要素。你認為別人怎樣看你，以及你認為神是怎樣看你的（如果你是有宗教信仰的人），也會深切影響這三種成分。

失去伴侶對你的自尊有戲劇性影響，它會引發大量問題：我現在沒有配偶了，那麼我是誰？我自己本身可以有甚麼價值呢？我怎樣可以正面地看自己呢？這些問題往往伴隨著更高層次的自我懷疑與疑慮。婚姻通常有助提升一個人的自尊。在一段健康的婚姻關係中，你的配偶會肯定你；你對他/她來說是寶貴的。當這段關係已逝之後，你面對的試探是以為自己再沒有價值、無能，或者沒有吸引力。你需要十分刻意地提醒自己，你作為一個個體，本身有內在的重要性與價值。在你結婚之前，你是個有價值和重要的人。即使進入婚姻，無論你的婚姻健康與否，你仍然是一個重要的個體，有你自己的技能、想法、信念與觀點。在透過重新發現自己的單身身分的過程中，盼望你能再次看見自己是重要和有真實價值的。

如果你還沒有這樣做，那麼你便要集中發展或再次致力於一種健康的自我照顧模式，以致你能有更多能量與精力面對前頭的挑戰。如果你不照顧自己，並且刻意地調整你每天時間表的節奏，哀傷旅程可以令你精疲力竭。你能夠善待自己，證實你是真正看重你自己與看重別人。所以，我們鼓勵你，要結合身心健康的三個基本因素：飲食、睡眠與運動。哪怕是一點點的開始，但總要有個開始！你需要保證自己每天都有三餐或以上的健康飲食，即使你不喜歡這樣。有些人認為，一個人煮食是無趣味的。烹飪本身就是一件樂事；你與你的伴侶同樣**是**有價值的。不要掉進「這只是給我自己的」這句話的陷阱中。就**是**你，你是重要的。要有足夠的睡眠（平均一晚八小時），但是不要利用睡眠來逃避哀傷，以致你用很長時間午睡或過量地睡眠。恆常進行你保持健康所需要的運動。我們建議你每週最少運動或步行四次，逐漸增加至每次不少於三十分鐘。買一個計步器，並且挑戰自己嘗試每天走一萬步。當你致力於這三個必需的元素，你會開始更加有精力，也感到比較能夠管理你的生活。

我們也鼓勵你維持良好的個人衞生，注意你的儀容。鑑於你有這麼重大的損失，我們明白你可能會認為這些事情是不重要的。但是保養你自己的身體與顧及你的儀容，對你的自尊會有令人驚異的果效。在配偶死亡或經歷離婚之後，找你的醫生作一次身體檢查是迫切需要做的事。你生活中所顯露出來的一切，説明你可能一直沒有很好地照顧自己。失去配偶之後，由於你所經歷的負面情緒，你的健康自然面臨更大的危機。與你的醫生談談你的飲食、睡眠與情緒問題。起初你不一定很有動力去做上述任何事情，但當你開始建立對自身安好有更好的意識，照顧你自己便會比較容易。

喜歡你自己，並相信你是個好人，這是你旅程的關鍵。如果你在配偶離世前，或在離婚前，已經有甚強的自尊，你在努力重新覺得自己重要與有價值的事上是有優勢的。自尊原先是在年幼時期透過發展成功(developmental successes),以及別人的肯定而發展出來的。如果你有個具安全感、被肯定與被關愛的童年,其中充滿表揚與正面支援,那麼你可能會有一個牢固的基礎,讓你可以在其上發展。另一方面,如果你在配偶離世前或在離婚前稍欠自尊的話,那麼這次嚴重的危機對你自我感覺的影響可能會比較大。不論如何,不要讓別人的負面評論、批評或判斷來界定你。不要過分介意別人會對你有何看法——這樣會賦予他們太多權力。要記住:我們可以有不同的想法、信念、能力與技巧,但我們每個人的價值都是相等的。你有權自己選擇,因此以保衞你誠實正直的方式做選擇。

我們也建議你用類似的說話來稱讚自己:「做得不錯——出來效果很好」,「你穿這件衣服很好看」,「你當然是一個很關心別人的人」或者「做運動,做得好」。你要把這些說話調整到你整天跟自己說的話中。儘管有些笑話是關於自言自語的,但正面的自我對話是健康和正常的。你整天與自己的內在對話,很可能會包括正面與負面的信息。如果你挑剔自己和貶損自己,你可能重複你在生命較前期曾聽到的一些信息;那些信息破壞你對自我的意識。你要嘗試坦誠地再建構(reframe)這些信息,因為它們往往不能代表你真正的本質,而且對你的自尊有損害。我們知道,沒有人是完美的,每個人都會犯錯。你要相信,你愈能正面地肯定你自己,你愈會感到有安全感和有信心,更強烈感到你重要與有價值。

你可以利用這個重建的時期，參與一些以前參與過或總是很想嘗試的活動和興趣。做一些新事情幾次，然後才決定是否要把它們加進你的節目清單中。這是從你之前「我們」的生活中，發現那浮現出來的「我」。

你可能甚少自己一個人做事，無論是逛商店、在外面吃飯、出席社交活動或看電影，或是獨自過夜或度過週末。對你來說，刻意地獨處可能並不吸引，因為現在你是常常獨處，但這並不是你的選擇。你需要接受，獨自生活（你之前的伴侶不在）是你現在生活的現實。有些時候，你可能甚至發現，這比其他許多你可能身處的處境更好。要記住，獨處並不表示你是孤單的，獨處與孤單確是兩樣不同的事情。你可以獨處而不感到孤單。在其他時候，你可以在一間塞滿人的房間中卻仍然感到十分孤單。你愈能夠自己做事，你便對自己愈有好的感覺。信不信由你，你真的可以去到一個地步，（再次）感到你就是自己最好的朋友。我們希望你能培養喜歡自己的能力，有些時候真的喜歡獨處，並且自己處理事情。你可以是你自己的好友伴，有信心去任何地方，自己做你想做的一切事情。

結語已經就緒了。當你離開你的哀傷，踏進一個全新的世界，你會想確認你較長遠的目的，以致能感受到自己寶貴並有價值。你現在怎樣參與和貢獻給你周遭的世界呢？許多時候，人們用他們「做」甚麼來定義自己——藉著他們的職業或志願工作的成就。做這些事情固然是重要的，但你若不考慮你的「存有」（being），你便不能擊中目標。一個人的生命目標，也包括發展你的價值觀與信念，以及你的性格（personality）——這一切都組成這個「你」，不僅是你所「做」的事情。你這個人是獨一無二的，擁有獨特的目的、恩賜和觀點。在你進入這人生新階段的時候，同樣邁向「存有」和「做」吧。

給喪偶者的話

可能大部分你所認識的人，包括你的家人、朋友、生意伙伴及教會的大家庭，都認為你與你的伴侶是一對的。你們曾經結連與聯合在一起。你們共同所珍惜的、相信的，以及所參與的，大部分都是和諧的。人們可能有些時候稱呼你們為「瑪麗與哈理」（“Mary and Harry”），而不是稱呼你們其中一個或另一個的名字。「你」（“You”）已經是一個複數——「我」已成為「我們」。在一段健康的婚姻關係中，你的伴侶深切地關心你、聆聽你和肯定你，他/她告訴你，你是美麗或英俊的，而且你有才華與良好的性格。你的配偶差不多喜歡你的一切。當你受傷害的時候，他/她會緊握著你的手；當你面對困難的時候，他/她也會支持你。你的伴侶對你的那種獨特的信念，有助你增加及加強你的自尊。所以你極其哀傷，因為你不會再聽到那些讚賞，和感受到那些認可了。然而，如果你的婚姻是充滿衝突的，或者存在其他嚴重問題，那麼對於你過去的婚姻關係，以及你配偶離世對你的自尊所帶來的影響，你現在可能更加要與之鬥爭了。

給離婚者的話

當一個人離婚，不論是雙方同意離婚，或是其中一方採取主動，而另一方被迫回應其伴侶的決定。如果離婚是雙方同意的話，一個人的自尊所受的影響，可能不如有爭議性的離婚情況中帶來的影響這麼深。但在這兩種情況下，你仍然需要經歷從「我們」到「我」的重新定義過程。

如果你不想離婚，感到難以接受這事，你的自尊可能會被動搖，且較你進入婚姻的時候低落得多。離婚意味著被人拒絕，是「沒有人要的」貨物，對你的伴侶來說不再有價值。你可能已成為一切指控的焦點，因為離婚是人身攻擊的化身。「她是這樣好嘮叨的人」或「他老是不在家——這麼的冷漠和難以接觸」。「她像魚一般冰冷——從來對性不感興趣」或者「他就像野獸一樣——在孩子面前開口向我發出需求」。辯駁與指控來回不斷。無怪你的自尊會遭受到打擊。一切的傷害、憤怒與拒絕帶來不安全與不濟的感覺，使你所有的能力——喜歡你自己本相和感到自己有價值的能力——遭受到蹂躪。你要努力重新再建構這一切負面的指控，並且辨明當中是否有些是事實，你能夠從審視它們而得益處。

如果你是提出離婚的人，你可能是感到這段關係不能再使雙方受惠或不再令你有滿足感，又或者你已經與另一個人發展你認為更有滿足感的關係。根據你在婚姻關係破裂裏的角色，你需要問自己，現在你對自己有甚麼看法。這對你的自尊無疑會有一些影響。你可能會問：我感到這樣內疚，怎能夠再次喜歡自己呢？對於我所做的事，究竟我是否能夠饒恕自己，或者得到別人的饒恕？我們當然相信你能夠饒恕你自己，並且能得到別人的饒恕。你需要評估，你的價值觀與看法是否要改變，以及如何改變，以致你能決定它們要怎麼樣才能讓你再次感到自己甚好。當你處理好你一切的情緒，並且直截了當地面對這些問題，你才能夠帶著一個已修復好的自尊，在生命裏邁步向前。

我哀傷中的屬靈旅程

為何神會讓這件事在我身上發生？我的信心是否不足呢？我怎樣處理我對神和對我配偶的憤怒呢？

堅持要神為生命中所發生的壞事負責，是我們一個普遍的反應，尤其當你的配偶死去，或者是你的婚姻失敗。從屬靈的角度來説，我們大部分人都相信神是慈愛與仁慈的，所以我們可能會認為意思是：祂不會讓壞事在我們身上發生。對婚姻的祭壇過分樂觀，我們潛意識地相信生活將會是完美的——沒有任何事情會破壞我們在結婚當日所感受到的喜樂。然而問題就在這裏。我們並非活在一個完美的世界中，也沒有一段婚姻是完美的。爭執會產生；不忠的事會發生；疾病的打擊；離婚與死亡會出現。這個或那個原因都會使任何一段婚姻結束。罪惡是個現實。你要面對的事實是：邪惡已採取一種特別個人化的形式，在你的配偶死去或是你與配偶離婚的事上出現。你信心的力量與這件事發生的原因實在沒有太大的關係，然而，信心的力量卻與你如何繼續處理這件事絕對有關係。到如今，盼望你渴望重新塑造與重新界定你的將來。但將來是十分不可測的。這豈不就是信心的真正意義嗎？——相信靠著神的幫助與你的決心，你是可以向前邁進的，即使事情看來是這樣不明朗與不可測。

你也很有可能對神有憤怒的情緒。當這些負面感受浮出來的時候，你可能會感到尷尬、內疚或者恐懼神會以憤怒回報你。你要知道，神可以處理你向祂的憤怒。但你要思考這方面：你可能不是生神的氣，而是為著這死亡或離婚事件在你身上發生而憤怒。你可能仍然認為神早該在這方面有些作為，但祂卻沒有阻止它發生。然而，基督教信仰接受一個事實：神不會把世界上每段破裂的關係都修復。神容讓（不干預）這個世界的破碎狀況產生其自然的後果。

這是另一個你可能會思考的因素：神確實與你一起憤怒——祂不是向你發怒，而是祂與你一起憤怒。祂也為著這破裂而憤怒。畢竟，這個世界是祂美麗的創造，而現在一切都變得一團糟。祂不喜歡喪偶或離婚；這是祂差祂兒子耶穌來修復它的原因。最終的救贖將會來到。但現時我們與破碎一起生活。因此，當你為著自己經歷失去伴侶的破碎而向神發怒的時候，你要提醒你自己，其實為著令你痛苦的邪惡，祂與你一起憤怒。而祂仍在採取行動處理它。

為何我感到這麼內疚？這是我的錯嗎？我可以饒恕自己嗎？神會饒恕我嗎？

你可能會回應說：「但是我感到這麼內疚。我以為我可以避過這離婚局面或阻止我配偶死去。假如我當初不這樣做，事情便不會發生。」感到內疚是對你身處的狀況的一種普遍回應。問題是你不能叫時光倒流。即使你真誠地認為，不同的做法可能會改變結果，但事實就是，你所做的事情已成定局。要謹記，事後之明總是完美的。你要知道，昔日你抉擇的時候，你已做了當時你認為是最好的選擇，這樣你就該滿意了。這正是饒恕起作用之處——尤其是當你明白到神實在饒恕了你，於是你有信心你也能饒恕自己。你一旦相信神已經饒恕你，那麼拒絕饒恕你自己便是在神的臉上打一下耳光，因為祂是完美的，也是超乎罪惡之上的，然而祂卻饒恕了你。邁向治愈的旅程是個屬靈旅程——你接納自己是有限制和會犯錯誤的，但也可以藉著神饒恕的榜樣來饒恕你自己。這樣，在這份饒恕中如新人一般投入地活著。這件在你生命中似乎是徹頭徹尾的毀滅性事件，此時此刻可以成為你新生命的種子。但這個旅程的起點，是學習饒恕你自己，正如神饒恕了你一樣。

作為一個基督徒，我是否需要致力於建立自尊呢？我認為我是應該謙卑和溫柔的。

許多年前，一間早餐食品公司推出了一個原先以成年人為對象的穀類食物廣告。為要擴大其吸引的範圍及至兒童，他們做了一個特寫：一個小男孩充滿熱情地吃那穀類食物，他的朋友看著他時聲稱：「米奇（Mikey）喜歡它！他真的喜歡它！」他的朋友繼而拿起一隻碗，也倒出一點給自己吃。如果與我們親近的一些人喜歡某些東西，我們會傾向比較開放去嘗試它，而我們自己也可能因而會喜歡它。這個例子可以有趣地闡明基督徒對自尊的理解。

許多基督徒會提出一些字句，例如是「基督必興旺，而我必須衰微」，或者「我是不配的，是個罪人」。這些字句是合乎聖經的。基督必須要在我們的生命中顯大，而離了基督，我們都是罪人！這是正確的。因此，由於那個焦點是負面的，我們便傾向於把自己貶低。但這並不是故事的結束。「好消息」的字面意思是：神在基督裏以永恆與救贖的愛來愛我們，而藉著祂，我們都是有價值的。

我想從三方面探討，基督對我們的愛如何成為基督徒理解自尊的基礎。

首先，基督徒的自尊始於愛神所愛的。如果米奇喜歡穀類食物，盼望他的朋友也能夠喜歡。如果我們是在基督裏，神所喜歡的東西，我們也會喜歡的，這豈不是更加正確嗎？試猜想一下！神愛你。這似乎是難以置信的，尤其如果你最近離婚，被人拒絕，或是你配偶離世令你被人遺棄。你可能會感到自己不可愛。這樣你要提醒自己，神在耶穌基督裏對你的愛，比整個宇宙中任何一份愛都更大。雖然這不會使你豁免於哀傷的痛苦，但盼望默想神在基督裏對你的愛，能夠幫助你想起，最終你是神眼中的寶貝。

第二，集中在你將來的狀況，而不是你曾經是怎樣。你現在可能感到被遺棄、失落或破碎。你再一次成為未婚的、「單身的」，在這世界感到十分孤獨。然而，這正是提醒你自己的時候，神是不會撇棄你的。對於你的生命，祂的目標是遠遠超過一段伴侶關係的。祂不僅鼓勵你繼續留在旅程中，祂也承諾透過祂的聖靈，作你的引導和力量。沒有事物可以使你與祂的愛隔絕，即使是你配偶的死亡或是你與配偶離婚。

第三，擁抱你的獨特性。你是神的獨特創造。沒有其他人完全像你。基督徒的自尊，包括有能力接納，及頌揚神放在你裏面的恩賜、技能與興趣。這可能正正是你生命中的時機，讓你去發現你現今可以做甚麼去使你的能力，與神對你的心意更加充分地吻合。

神創造我們，我們帶著三個基本的渴望：渴望歸屬、渴望完成或達到某些事情，以及渴望得著力量去做祂想我們做的事情。在一段健康的婚姻關係中，我們藉著許多方式，滿足這些想望的一部分——透過我們的親密接觸、我們的共同目標與興趣，以及彼此賦予力量與鼓勵。然而，這些需要最終是在我們與基督的關係中得到滿足的。我們是屬於祂的。祂透過祂的聖靈賜給我們恩賜，又使我們得著力量為祂而活和工作，成為別人和我們自己的祝福。下一次你在鏡中望著你自己的時候，你要提醒自己：你是神眼中的寶貝。盼望你即使正經歷從「我們」到「我」這個具挑戰性的轉變，也能逐漸對自己有更好的感覺。

2.

坑洞與火山口
填補不再已婚的空虛感

加理（Gary）的日記：我以前經常夢見自己迷路，找不到回家的路。我相信我的太太正等待我，但是每次我拐過一個街角，我似乎是愈走愈遠。昨天晚上，我的夢境轉變了。她是離開的那一個。她是那個不回來的人。我不知道她往哪裏去，但當我醒來，醒悟到她永遠也不會再與我一起睡了，便感到不安。我們永遠不能再做愛了。我永遠不會感覺到，我們晚上睡覺時她在我面頰上的氣息。我完全孤獨。似乎沒有事物能夠填補她的死在我生命中所留下的巨大空洞。昔日由她處理的東西，現在都落在我身上，我實在感到失落和不能自已。我怎可能在這裏處理兩個人的工作與責任呢？

斯泰西(Stacey)的日記：我實在是有點喜歡這樣。湯姆(Tom)現在已不在我的生命中，我不需要忍受他的謊話與欺騙。那些狂暴的聲音已經止息，這所房子平靜了。這真是解脱啊！但我還沒有準備好獨自承擔養育孩子的職責。現在只剩下我、曼迪(Mandy)和馬特(Matt)。曼迪需要做牙套，而馬特則要參加足球選拔賽。錢。自從湯姆離開以後，我已經盡力賺錢，但似乎仍然是不足以應付支出。獨力承擔整個家庭的責任令我十分受不了。我根本沒有時間給自己。我聽聞我要重新發現自己，但我身邊沒有其他人幫助我維修汽車、修剪草坪、穿梭於各樣事務和督促孩子的作業，我又怎能找到時間這樣做呢？這些空洞可以怎樣被填滿呢？就只有我一個人！

我的朋友與親戚可以在我身邊支持我嗎？

你被迫要獨自面對所有轉變，你也不知道有誰會幫助你。你現在如何應付你的孩子(未獨立的及/或成年的)、朋友與親戚，你的生活安排、財務與工作的事宜，更不用提你欠缺了身體及情感上的親密，是你以前可能與配偶之間所有的？在你回復整全的旅程上，誰會支援你呢？

接受你現在是單身的現實，是沒有其他人可以代替你做的事情。你需要親身為你自己這樣做。這是你最終要決定接受的事。你對獨力承擔你和你孩子的生活(如果這是你的處境)會有某程度的醒覺。然而，找到可以支援你，又能確實地在你面對的一切新處境中關心你的人，肯定是有幫助的。他們可能是你的成年孩子、父母、兄弟姊妹或者親密朋友。或許不是每個你認為應該支持你的人都會這樣做。但另一些你從來沒有預料的人可能已經著手開始鼓勵你。大部分經歷過喪偶或離婚哀傷的人都能夠見證，他們大部分與人的關係在婚姻結束後頭兩年都改變了。其中一些關係逐漸消失，而另一些關係則更加堅固。這情況可能會困擾你，但倘若你的情況完全是典型的話，你大部分朋友應該是你與你配偶的共同朋友。他們對所發生的事都有自己的想法與感受，也要適應你配偶在他們生命中所遺留下來的空位。現在，他們可能不知道要為你做甚麼，或要陪伴你做甚麼。你在他們眼中可能顯得不一樣，因為你不再有伴侶了。如果他們疏遠你，你可能會感到受傷。盼望你有家庭和許多朋友，不論你要面對甚麼，他們能夠堅持不離開你。雖然他們不能替你重建你的生命，但他們肯定能夠用各種方式來支持你。

即使在一些你可能認為得到支持的關係中，也有很多改變可能會發生。你的前度姻親起初可能參與在你的生活中，但隨著時間過去，你可能會留意到，你或對方會使這段關係愈來愈疏遠。倘若你想保持密切的關係，你可能會感到受傷害。事實上，當你喪偶或者離婚後，由於這段婚姻已正式地結束，你前度配偶的父母也不再是你合法的姻親了。這並不表示你不能與他們繼續有關係，但是要使這段關係有效，往往需要雙方付出更多努力。倘若你在以前的婚姻生活中喜歡你的姻親的話，你可能希望與他們保持聯繫。另一方面，如果你不太欣賞他們（或他們不太欣賞你），這段關係或許會突然終止，或是會隨著時間逐漸消逝。你需要決定，你希望與你前度配偶的家人建立怎樣的關係，也基於他們的希望怎樣配合你的渴望去維持關係，思考一些選擇。然而，你未獨立的子女仍然需要你的幫助和支援，與你們雙方家庭的祖父母接觸。父母其中一人去世或他們離異，是一個深遠的轉變，能夠讓你的子女與雙方的家人保持關係是極之有助益的。當你的孩子成年，那麼他們便會自己負責他們與父母雙方家人的關係。

在你開創你的新社交網絡時，你與你兒女的關係是首要的。如果你有未獨立的兒女在家，從「我們」到「我」的旅程中，你明顯必須要向你的兒女負責。一般來說，兒童與年青人會等他們仍在世或已離婚的父母處理了大部分哀傷和作出健康的調整後，才會完全地流露出哀傷的。他們潛意識地不想冒險把更多的壓力或要求，放在他們仍在世或已離婚的父母身上，他們的父母可能仍在哀傷的旅程中掙扎。

給喪偶者的話

你現在不再是一對的，以前你配偶所做的這麼多事務，也再沒有人處理了。在養育兒女的職責上，這尤其是真實的。即使你的兒女是成年人，他們仍然需要與你有緊密的連繫，更何況他們的父或母已經去世。倘若你正在養育較年幼未獨立的子女，你要面對無數挑戰。沒有伴侶可以與你討論規則、違規情況和不良行為的後果；或在孩子做得好的時候，也沒有人可以與你分享鼓勵的話與讚賞。你要自己做所有決定。你應該規定你年青子女休息的時間？你正在讀中學的子女可以參與多少課外活動呢？你如何應付家長教師會議，尤其是當他們的學業成績可能正在退步？如果你的雙親、前度姻親或者其他親朋戚友有空，他們的支援是有用的，但無論如何，他們也不能取代一個完整的親職隊工。要謹記，你是不能獨力做所有事情的。你要與你的兒女談論他們想繼續參與哪些活動。要幫助他們作出切合實際的選擇，然後找一些能夠幫助你的人，去協助他們維持一些之前已參與的活動。

對離婚者的話

如果你仍然有子女在家的話，你養育他們的新安排似乎是古怪和令人不舒服的。視乎法庭在監護權和探視權上的決定是怎樣，你們其中一人很可能要承擔監護人的責任。即使你們決定兩人共同享有子女的監護權，你養育他們的方式也面對獨特的挑戰。一般來說，你與你的前度配偶在身體和情感上會比以往更少有接觸。要共同作決定可能是困難的，除非你有幸屬於少數和平地離婚的夫婦，他們在對兒女的期望和影響上致力保持一致性。如果你與你的前度配偶都委身於給子女優質的親子經驗，那麼你的子女與對方相處的時間便能夠幫助你，在照顧孩子的日子得著身體和情緒上的喘息機會，而無須要擔心他們的安好。

視乎你離婚的性質，一些家庭成員和你前度配偶的家庭成員可能會因你而不高興。他們可能因為你的婚姻失敗而生氣或感到尷尬。他們可能不願意幫助或支援你。如果他們視你為「要負責任的一方」，是引致離婚或申請離婚的人，那麼這情況可能會特別真實。家庭成員通常會支持與自己有血緣關係的親屬，而朋友也會傾向選擇一個立場（至少在一段時間之後），所以通常處於離婚景況中的人，在離婚一事定案之前，沒有一個是能持續得到同等程度的支援的。撤回支援是會造成很大的傷害。與他們傾談，怎樣做是對你有幫助的。你可能需要主動開始這些對話。跟雙方家人和家人的朋友的關係愈文明有禮，對孩子的好處就愈大。這對仍然在家的較年幼子女尤其真實。你的兒女一旦長大成人，便可以自己負責決定，與雙方有血緣關係的家人維持怎樣的關係。

我的家庭、工作與財務怎麼樣呢？

現在你又再次單身了，你面對挑戰去保存你的住所、保持或繼續一份適合的工作，並且能夠達到足夠程度的經濟保障。我們體諒你，因為在你從「我們」到「我」的過程中，這些課題會消耗你大量情緒與身體的精力。

首先，讓我們談談你的住所。無論你是擁有（或者購買）你的住所、租一個住宅，或是有一些其他的居住安排，最健康的做法是在配偶死後或離婚後第一年之內，盡可能不要在居住環境上作任何重大的改動。在離婚的情況中，其中一方顯然需要找另一個居住的地方。身為監護人（如果牽涉幼小孩童）的父親或母親，起碼在辦理離婚手續的階段中，應該逗留在那居所。如果你未能賺取足夠的收入應付現時的住宅以及生活上的支出，那麼你可能需要尋找可以負擔得起的房子。然而，盡可能一貫地保持環境穩定不變，對你和你的孩子都極其重要。

你可能是沒有外出工作、留在家中的父母。或者你可能有一份兼職，讓你的生活可以多元化，但它對你的家庭經濟沒有太多的幫助。如果是這樣，你現在的經濟收入可能是不足夠的，你需要尋找另一份工作來增加你的收入，使你（和孩子，如果你有的話）得到一些補貼。尋找工作的過程，以及兼顧工作與家庭的工作安排，可以是令人難以承受的。你要尋求有創意的方式，把對你最重要的家庭生活的部分，按先後次序排列出來，並且如果那些在你生活中支援你的人有空，你可嘗試把其餘的部分委託給他們——至少在你適應的階段中。

你可能也在面對許多經濟壓力。你可能未能支付房租或償還抵押借款。你可能已從兩個人的收入變為得一個人的收入。如果你的配偶去世，你可能會從人壽保險得到一筆金錢；而在離婚的情況中，你可能會得到贍養費。再者，你會收到為喪偶人士的未獨立子女，以及為離婚人士子女而設的社會保障金（Social Security payments）。但你現在要自己負責全盤的財務事宜。你也可能因著醫療、喪禮或律師的費用而增加負債。在你作出財務決定前，我們強烈推薦你諮詢財務顧問，為你的選項提供客觀意見。

有一些人擁有足夠的經濟條件，有一份他們合意又穩定的工作，以及舒適而負擔得起的住所，他們在配偶離世或與配偶離婚的情況中處於較好的位置。當中若缺乏任何一樣都會給你帶來更多的痛苦，因為你也必須處理你的經濟與生活上的安排，這樣會使你在哀傷與重建的過程中分心。

對大部分人來說，改變是困難的，但孩子是最難受控制的。他們需要知道你的經濟資源是否已經減少了，而你需要尋找一個比較可以負擔的居所。你要向你的子女解釋，以致他們在**事前**明白為何你需要這樣做。資金減少也會影響他們在活動與支出方面的選擇。如果你用現實的態度表達出來，大部分孩子對這些轉變都能適應得十分好。愛心、感情、紀律與安全感是完全不用花錢的，但它們卻是無價的。它們是建造心理上健康和快樂的兒童的關鍵。

給喪偶者的話

視乎你的年齡，在配偶離世後，你可能會在經濟上失去保障。如果你還年青，你的配偶可能沒有足夠的人壽保險款項來償還抵押借款或其他主要的債務，也沒有足夠可獲利的投資來維持你的生活。所以倘若你不是已經外出工作的話，你可能需要尋找一份工作或者接受額外訓練，使你能獲得一些能夠受聘的技能。你甚至可能要變賣你的住所。這些經濟的重壓使一個已經極其困難與充滿壓力的處境更加複雜。你愈是為經濟的緣故被迫外出就業，你要騰出時間去做處理哀傷的必須事宜，便明顯地遇到更大的挑戰了。

另一方面，有些喪偶的人要面對一種截然不同的經濟處境。你的配偶可能擁有一份銀碼很大的人壽保險單或其他投資；這些財富忽然把你拋到一個比慣常更高的經濟階層中。對於因配偶的離世而得到的經濟好處，你可能會感到內疚。在你有衝動作出慷慨的慈惠性捐獻，或送一大筆金錢給你的兒女之前，你要謹慎地尋求可靠和值得信賴的財務建議。哀傷會矇住你實事求是地思考的能力；給你的好建議是，如果你可以的話，最少等一年（即使你不能等兩三年）之後，才作出重大的財務決定。

如果你已退休或接近退休，由於你預先已有計劃，你的經濟狀況可能會比較穩定。然而，你仍然需要有智慧地管理你的投資收入、你自己的社會保障金（如果你們兩人都工作的話，你現在只能得到兩張支票的其中一張），還有/或是任何其他的退休金，因為你現在是靠「固定」的收入生活。

給離婚者的話

當你獨自一人穩步向前邁進時，「兩個人的生活比一個人的更便宜」，這格言聽起來似乎是真實的。你們是夫妻的時候可能把財務處理得十分好，但是現在你與你的前度配偶分別要建立獨立的家庭，而你要獨力承擔其中一個家庭的經濟責任。如果你是未獨立的子女的人身監護人，你很可能會接受子女支援金，而如果你結婚的年日夠長，你也可能會接受贍養費。在離婚協議內所指定的時期中，這是有幫助的。在離婚的程序中，我們希望你能為一個公平和公正的經濟方案而申辯，因為這是你未來的經濟狀況的起步點。你與你前度配偶的收入水平的巨大距離，可能會使較低收入的一方感到不安。除此之外，那擁有較多資源的一方，可能傾向透過禮物與特別的活動來收買孩子的歡心。父母中的另一方起初可能會怕在較年幼孩子面前表現得像吝嗇鬼一般，彷彿愛他們的程度不及對方。你只需要謹記，教導孩子用勞力賺取自己想要的東西的價值，並且讓他們體驗一些延遲的滿足，這對他們一輩子的好處是更大的。

當離婚有了定案後，你們往往會因為經濟原因而出售家庭的居所，而你們雙方都需要安排自己的生活。未獨立的子女在你們各自的家居中有自己的空間，會感到更穩定。如果你有足夠的收入，而你又是監護家長的話，你可以仍然居住在這所家庭的房子中，直至最年幼的孩子高中畢業，並滿十八歲。那時你可以遵照你們的離婚協議，制定一個公正的程序，把從售賣房子賺得的金錢，與你的前度配偶攤分。

現在誰來擁抱我？處理觸摸與親密的問題

身體的觸摸對我們所有人都是極其重要的。我們渴望被我們的家人或者朋友合宜地觸摸或擁抱。在一段婚姻關係中，我們期望一種親密的肉體關係，包括愛撫與一起做愛。若缺乏這種肉體上的觸摸，我們往往會經歷「肌膚之餓」，這是對缺乏觸摸與緊密關係的一種肉體與情感上的正常反應。由於你的婚姻已經終結，你可能會問自己：「現今我是單身的，我如何得到肉體上的滿足呢？」失去肉體的親密關係本身是重要的，而現在你已是喪偶或是已離婚的，要找出一個方法處理這種肌膚之餓，以及你的性慾，你面對道德和實際上的挑戰。作為單身者，你需要決定你是否要實踐禁慾的生活，用某種形式的自慰，或與另一個伴侶維持某程度的肉體關係。你的挑戰是，要建構一些界線，與你的價值觀與信念一致。

有一些方法是有助於滿足肌膚之餓，而不會挑戰一個人的價值觀或與之有衝突的。有一些方法可讓你體驗肉體的接觸，使你有一些感官上的滿足，例如擁抱自己，把潤膚露塗在身體上，享受一個醒神的淋浴或泡泡浴。不同形式的運動也是有幫助的，例如游泳、健步、慢跑、做庭院工作或參與一些體育運動。你也可以請求你的家人或朋友擁抱你，接受按摩服務，安排一次修指甲或腳甲的服務，去某處跳舞，或者選擇一個有意圖的目標驅散一些積存的身體能量。參與一些能夠釋放身體及/或性方面的能量的活動同時，要意識它們在身體上所能產生的皮膚感覺，來決定哪種活動是對你個人的需要最有幫助。

當然，我們不是要逃避這個事實：這些方法沒有一樣能完全及得上你在一段良好婚姻關係中所擁有的肉體觸摸與親密。在掌握你是單身的事實的過程中，承認這個生命中的重要轉變是極之重要的步驟。你的挑戰是要找出一些有創意的方式來表達你肉體及性方面的需要，及/或使之昇華，同時又能夠持守你的正直。

給喪偶者的話

如果你擁有一段性生活圓滿的婚姻，你肯定會在肉體關係上感到極大的空洞。盼望因肉體的親密而來的歡愉，使你有溫馨的回憶。對許多喪偶人士來說，他們的性需要在哀傷階段的前期是被壓抑的，因為喪失的痛苦實在太深刻了。然而，大部分人會逐漸愈來愈意識到自己失去從前與伴侶之間的肉體上的親近。大部分人發現，把這種空虛感以寫日記的方式表達出來，有某程度的幫助。你現在要面對的挑戰是，用以上提及的方式或其他有創意的出路，來處理你的肌膚之餓及性方面的長期需要。

給離婚者的話

離婚是暗示這段婚姻關係可能是緊張的，而伴侶之間的親密關係在過去的一段時間已經暗淡了。肉體與情感上的親近很可能已被憤怒與怨恨粉碎。在這段關係中，你們至少其中一方是感到被拒絕、受害或被忽略的，因而可能對肉體的關係不感興趣，或削弱了在性方面的滿足感。然而我們要重申，我們每個人都是擁有性的生物，所以某種形式的肉體接觸和肯定，對我們的自尊和內在健康都是重要的。在你處理你失去配偶的時候，你的挑戰將會是找出令你感到適合自己的方法，使自己在肉體和性方面再次回復整全。

我走過坑洞與火山口的屬靈旅程

如果你喪偶，那麼「至死不渝」這誓言的真正含意是甚麼？

「至死不渝」——這個短語在婚禮中給公開宣稱的頻密度，有如體育競賽項目中會唱美國國歌一樣多。甚少人真的會留意這些字眼的更深層意思。他們不想在婚禮中思想或談及死亡！我們當中許多曾經喪偶的人聲稱，我們從來沒有預期這事會發生。「至死不渝」這字詞，從來沒有真正在人心中留下深刻印象。或我們已在潛意識加上一句：「⋯⋯當我們到年紀很大的時候，盼望我們能夠一起去世。」

所以，你現在可能會轉向聖經，為要得著把握——終有一天你會與你的配偶重聚，而你們婚姻的愛情會在永恆中重燃。但悲哀的是，聖經從來沒有給我們這個信息。相反的是，耶穌確實地說，我們將來在天上是不會嫁娶的。為何神要賜給我們這種名為「婚姻」的奇妙經歷，卻又不讓它在天上持續下去呢？聖經處理我們在永恆中的關係時，實在是叫我們跳出固有的模式來思考。在世上，婚姻是法律上的法令，而我們是藉著血緣與別人建立親屬關係的。在天上，一切關係都是藉著耶穌基督的血來建立的。我們所有人將會聚集，環繞在祂的寶座旁邊，成為基督裏的弟兄姊妹。我們相信我們會彼此認識的。我們甚至可能仍舊會用相同的名字！但你不會以你的丈夫或妻子為你的配偶，而是作為基督裏的一個弟兄或姊妹。更加奇妙的是，即使一對夫婦在地上能夠享受最美好的婚姻關係，若跟於神永恆家庭中的新關係的美麗與親密相比，它都會顯得暗淡無光。

如果我已喪偶或離婚，聖經對再結婚方面的觀點是甚麼？

聖經十分清楚地說明，喪偶人士可以隨己意自由再婚。已離婚的人的處境似乎比喪偶的人較為複雜。耶穌的教導是，只有在通姦的情況下才可以離婚。對許多讀過這些字句的人來說，這似乎是個壞消息。許多婚姻失敗的原因，並非是明目張膽地在性方面違反了婚姻的盟約。不能協調的差異、沉溺行為、缺乏親密關係、虐待，或者伴侶之間的距離愈來愈遠等等，往往都是婚姻失敗的原因。

但請看看故事的其餘部分。福音的意思是「好消息」，那麼在這裏的「好消息」是甚麼呢？十分簡單：神赦免我們。離婚並非一樁不可赦免的罪。事實上，按著聖經的教導，我們每一天在每一方面都是罪人。如果你真正明白聖經，問題從來不是：「我是一個罪人嗎？」當然，我們全都是罪人！無論我們是否離婚，聖經說，我們所有人都死在罪中，應該得到神的審判。

所以你離婚是可以得到赦免的，但這是否也表示你有自由再結婚呢？有些教會傳統會令你有一個觀念：如果你在一次「不符合聖經」的離婚之後再結婚，你就是犯了「持續性通姦」的罪了。然而，我們認為這並不能充分地尊榮神赦免的本質。如果你真的為著你曾做的、導致自己離婚的事悔改，又如果你完全接納基督的赦免，我們相信祂的赦免已經擦掉你過去的錯失。就在那個時刻，你在神面前是「義的」，並且在祂的眼中，你是有自由按著基督新教信仰的原則再結婚。天主教徒首先需要進行廢除的程序，但之後他們便有自由再結婚。

以下的原則是總結聖經關於並非因通姦理由而離婚，隨後又再結婚的教導。

第一：離婚是犯罪的，但要了解我們所有人都是罪人。

第二：沒有一樁罪是比任何其他的罪更大或更差。耶穌的教導是，即使是思維中的罪惡念頭（我們每個人都會有），與實際上犯了那樁罪是一樣差。

第三：神的赦免是白白施予的，但只是賜給那些祈求的人。你需要做的一切，就是承認你的罪，神會完全赦免及除去你的罪。祂把你的記錄擦拭乾淨，然後你有自由重新開始——甚至能夠以敬畏神的方式再結婚。

第四：神的赦免帶來了一個義務。現在的挑戰是要從經驗中成長。在許多個案中，那些基督徒經過離婚的經歷而真正成長，因著神的祝福而進入更滿足的生命，這就是原因了。無論你選擇保持單身，還是決定要再結婚，或許你最大的挑戰是學習如何饒恕自己，以及如何以尊重你的基督信仰的方式來重建你的生命。

我如何可以有把握，知道神會供應我經濟與物質上的需要呢？

死亡或離婚之後，通常你會面對經濟與物質財產上的重大改變。雖然有些時候，一大筆人壽保險款項或是慷慨的法庭裁決可能會提高你經濟上的穩定性，但更常見的情況是，你失去了第二份收入（如果你的配偶有工作的話），而你要獨力承擔許多其他生活的開支，令你焦慮增加。我們所有人都知道，聖經告訴我們不要憂慮——要有信心。然而帳單仍然是每個月會來到，而銀行簿裏的結餘也不能應付所需。讓我們用一點時間做兩件事。首先，讓我們在經濟與我們對神的信心這兩者的關係的課題上，作出更深入的探究。然後，讓我們在這段經濟過渡期中思考一個策略，是既能尊榮神，**又能**在一些艱難時期給你稍微多一點心靈平安的。

你可能很熟悉耶穌在馬太福音談及才幹的比喻。如果你不熟悉的話，你可以在馬太福音二十五章 14 至 30 節讀到這個比喻。這個故事包含四個原則，可以幫助你明白我們的財產與我們的信心之間的關係。第一個原則是：**萬事萬物都屬於神**。主人擁有所有黃金（按：《和合本》中是銀子）。這是他的財產，當他回來的時候，他期望僕人會交代他們是怎樣運用**他所**投入的資本。

第二，**神把這恩賜交付給我們**。我們所擁有的一切，都是從神而來的恩賜。我們要照管它，培育它，用它來投資，但它最終仍然是屬於神的。主人給他僕人不同數量的金錢，又給予他們有特權，可以用他們認為適合的方式去運用這些金錢。祂把這恩賜交付給他們。

第三，祂不僅把這些恩賜交付給我們，祂也**賜這些恩賜給我們享受**。那個把銀子埋在地裏的人，是因恐懼而這樣做。對那些實際運用銀子作投資的僕人來說，他們很可能會經驗到其資金增長的快樂。我們從神所領受的一切恩賜，都是祂慷慨地施予我們的祝福。

第四，**神交付給我們的每一樣事物，都要用於祂的國度**。主人在故事結束的時候回來，祂期望得回原先的恩賜，以及其增長的部分。神給我們的一切，最終是要歸還到祂的國度中。

那麼，你嘗試在重大的經濟過渡期中尋求出路的時候，這個比喻對你有甚麼意義呢？你要明白到，你（及你的配偶）從來沒有真正擁有過甚麼。這一切都是屬於神的。即使你實行什一奉獻（透過一間教會或其他慈善團體將百分之十歸還給神），其餘的百分之九十仍然是屬於神的。

你要相信神在聖經中說，祂會照顧你。祂告訴我們要先求祂的國，有信心祂會照顧其他的一切。但也要明白，神安排的時間可能與你的相差甚遠。

簡約。你可能不需要你已囤積的所有東西。你可能不需要參與以往在婚姻中所進行的所有娛樂或旅行活動。你要嚴格地檢視你的生活方式，決定你真正的需要是甚麼。你可能會想讀傅士德（Richard Foster）的《簡樸生活真諦》（*Freedom of Simplicity*），[2] 幫助你全面考慮這些生活方式的決定。

最後，要有智慧和辨別能力。好像才幹比喻中的忠心僕人一樣，神也期望你在經濟的事情上作有智慧的決定。所以，盡你所能利用祂為你所敞開的門，幫助你自己在經濟上更有保障。

3.

決定保持「我」，還是再次成為「我們」
單身相對於與人約會

阿曼達的日記：在我丈夫死後，我有一段很長時間，感到與另外一個男人有親密關係簡直是令人作嘔的事。我們的性生活良好。我怎可以與另一個人做這種事呢？但我開始思念這伙伴關係和肉體的親密。很多人正在鼓勵我進入另一段關係，但坦白説，我稍微有點喜歡自己掌控自己的生活，不想與另一個人協商。我也喜歡我的自由——我所擁有的彈性。但是我思念……啊，天啊！這真是太難了！

喬希的日記：要談及這艱難的處境嗎！雖然我離婚已超過一年多，我仍然處於它所帶來的震驚與焦慮狀態中。這段婚姻終結了，但我的前妻與我仍然因著孩子的緣故有聯繫，雖然這段關係已完全不同了。我意識到我失掉了一段親密的關係，而我也開始用我從來沒有試過的方式留意其他女性。我想我可以著手開始一些事情——一個約會、一段關係，誰曉得——最終可能甚至是另一段婚姻。但是我認為我還未準備好接受這事。我不肯定我與前妻需要結束的事情，是否已經完全結束。我可能需要先用多點時間搞清楚，才嘗試約會。

我會還是不會？

「我會否保持單身，還是我應該約會，而且可能會再結婚呢？」在你到了一個會這樣反問自己的地步時，你已經做了很多重大的決定。你可能會回想那個時候，你很難起牀，不想面對當天的生活。現在你可能很想知道你之後的人生將會是怎樣的，你是否應該與另一個人共度此生。如果你在從「我們」到「我」的旅程中太早提出這個問題，你可能會魯莽地闖進許多問題當中。首先，你真的需要經歷哀傷的過程，才能為自己作出最好的選擇。你也要明白，第二次結婚的離婚率是比第一次高的，而且如果你在為喪失而哀傷的頭一年作出結婚的決定，那麼你第二段婚姻的離婚率甚至更高。保持單身，約會或再結婚，都有其好處與壞處，因此你要知道你自己對這些選擇的想法與感受，才能作出智慧的決定。

給喪偶者的話

在哀傷的早期，當喪偶人士被問及他們是否預備好約會的時候，大部分人的回應都是十分負面的。他們經常用類似**噁心**及**可惡**等字眼來形容自己的回應。你可能被你的喪失所帶來的破壞籠罩，使你甚至害怕慎重地考慮再次讓其他人親近你，也害怕再次受到嚴重傷害的風險。而你可以在情感與肉體上與另一個人親近的想法，似乎是難以置信的。如果你的婚姻是快樂的話，你可能仍然感到要對你逝去的配偶忠誠。與另一個人建立密切的關係，會讓你（也許你恐怕別人也會）認為你以前似乎不是真心愛你的配偶。事實上，你當然不可能對一個不存在或不能接觸的人不忠。另一方面，或許你在婚姻裏是不開心的，又或者你的伴侶患病很久，所以你現在感到釋放，你能夠做你想做的事情，包括與人約會。

男性對約會的意圖往往是與女性不同，這是源於男性對於配偶離世的體驗。他們往往感到「失去」自己的一部分，或像是被肢解一般，所以他們一般傾向迅速地「修理」這個情況，嘗試去取代他們所喪失的。這類取代式的關係會呈現許多問題，並且甚少能夠長期維持下去。另一方面，女性通常會感到被伴侶拋棄或被遺棄，因此她們需要更長的時間處理她們那種被丟棄的感覺。所以，她們通常不會像男人這麼快去冒與人約會的風險。

我會還是不會？除非你已經走完整個哀傷的旅程，這最少需要一年時間，你已重新定義你自己的個人生命，擁抱與接受你是單身的事實，而且能夠真正地證實你獨自一人的好處，否則你是不能健康地回答那個問題的。在那個時候，你才可以決定你是否約會，或進入另一段關係。

給離婚者的話

你的失敗感與傷痛可能使你對與人約會和再結婚存有戒心。一次就夠了。被貶低、被忽略、價值被否定，也有些時候是被利用，這都在你的生命中造成破壞。你害怕重複同樣的錯誤，最後又是離婚告終，這些恐懼在你心中縈繞著。你可能會感到你不是「結婚的材料」，因為你之前的婚姻不能持久。是甚麼令你的婚姻破裂呢？你們缺少了甚麼，使你們的關係不能再重建呢？你如何促成你前一次婚姻的終結呢？按著你對自己的認識，你前一段婚姻，以及你未來的目標與人生意向，列出你與人約會的好壞之處。這個列表會有助你回答這些重要的問題。正面地看你自己，並且認出你在夫婦關係中可以給予甚麼，都是決定保持單身或要與人約會的必要開端。

選擇保持單身

你可能會決定保持單身。基於各種原因，約會或再結婚可能對你並不吸引。如果你已經評估過你的選項，並且坦誠地為了單身的好處而選擇保持單身，那麼你便不要被別人的意見所動搖。你要相信，你知道甚麼對自己是最好的。有些人認為單身是次於結婚的，或者認為單身只是一種暫時持守的模式，直至你遇到那特別的一位。然而，決定維持單身可以是一個健康的選擇。但不要為了逃避處理你先前的婚姻中所出現的問題，而選擇保持單身。無論你選擇哪個選項，你也需要解決這些問題，並且處理一切隨之而來的情緒。

在今天的文化中，做個單身的成年人比幾十年前更加被人接納。許多人決定不想冒險建立新關係；新關係有超過百分之五十機會以離婚告終。當人的年事漸長，他們帶著愈來愈多過去的包袱，而且他們已經發展了根深柢固的生活模式。所以，嘗試適應另一個人可能對你不是太好。你家中可能有未獨立的孩子，你選擇以單親身分撫養他們可能對他們是最好的，對你也是比較簡單的。繼父母的教養，以及引進繼兄弟姊妹到家中，是會有困難和壓力的，尤其是當牽涉到青少年 —— 他們在尋求擺脱的時候，正在衝擊家庭的規矩。保持單身並非次等的選擇，也並非暗示你是個失敗者。如果你偶爾想與異性接觸，你可以僅僅為了享受認識新朋友而與他們約會，你也可以參與不同的活動，而不作出另一次終身的委身。除了跟同性的友誼之外，你也可以跟一些異性發展友誼，這個方法能夠滿足你的社交需要，而又不致於牽涉在一段更親密的關係中。

保持單身的好壞之處

我們已列出一些保持單身的好處與壞處。看看這些要點是否能引起你的共鳴，你也可以按著你的獨特生活處境，加上任何正面或負面的因素。

保持單身的好處

1. 你可以自己做決定，而不需要考慮另一個人，或與別人協調（例如：怎樣運用你的時間、怎樣運用經濟資源，發展友誼等等）。
2. 你可以更好地照顧你自己，因為你可以集中於你自己的需要，而不會因另一個人的需要而分心。
3. 你可以按你的時間做任何你想做的事，追求你自己的興趣。
4. 如果你喜歡的話，你可以與異性發展密切的個人關係。
5. 你不再有喪偶或離婚的風險。
6. 你不需要處理繼親家庭的問題，或者是另一個人的前度配偶的問題。
7. 你不需要向伴侶交代。

保持單身的壞處

1. 如果你有兒女的話，你要獨力承擔未成年子女的責任，以及與你的成年子女和其家人維持健康的關係。
2. 你不能再與配偶有肉體、情感和屬靈上的親密關係，也不能與對方計劃每天的活動或作出長遠的抉擇。
3. 若你的道德規範只限於在婚姻中才可以有性方面的親密表達，你便會在這方面有所欠缺了。
4. 你不再有可以分擔經濟義務與責任的伴侶。
5. 當你生病的時候，你需要自己尋求支援和照顧。
6. 你要獨力承擔你日常生活的事務，例如是家務與維修、打理汽車等。

7. 你可能會有更多孤單的時候。

對喪偶者的話

當你的哀傷逐漸平息下來，你會感到一個新人正在你裏面顯露出來，一些像「我仍然喜歡這個！」或是「我可以這樣做！」等句子在你的思想中愈來愈明顯。你的生活實際上可以再次精彩！許多喪偶人士在重建他們的生活時得著鼓舞和力量。他們發現一種新的自由和獨立。他們可按自己喜歡的時間去看電影，即興去打高爾夫球，或者即時起行去探訪一些遠處的親友。

有許多原因導致喪偶人士不想與人約會或再結婚。你可能在喪偶之前長期照顧你患病的配偶，現在才得以從這沉重的責任中釋放出來。當你慎重考慮與人約會的時候，你可能害怕萬一你的新伴侶生病，你便要重複這個照顧者的角色。

即使你想約會及有可能再結婚，女士明顯是吃虧的，因為當你到了中年或以上的年紀，單身女士與男士的比例是四比一。如果你是女士，而你又只想與一個喪偶的男士約會的話，那麼要尋覓對象就特別具挑戰性。無論你是男士或是女士，我們都必定鼓勵你學習獨立生活，學習愛你自己，從你自己的技能與才幹中得力，然後你才決定是否較為喜歡再次進入一個密切與親密的關係中。保持單身完全是一個健康的選擇，而且刻意地作出這個選擇的喪偶人士佔的百分比也是高的。他們不是被「丟棄」的。他們決定要從「我們」變為「我」，並且保持單身，自己享受一個圓滿、豐富及滿足的生活。

給離婚者的話

你經歷過離婚之後，可能會提心吊膽，覺得你到最後可能也是會離婚的。你可能不想冒險。但為了逃避那種恐懼而保持單身並非一個健康的原因。即使是那些處於衝突和不愉快婚姻中的人，也往往希望將來可找到一段滿足而合意的婚姻。在決定要約會和再結婚之前，最重要的是你需要評估你在前度婚姻中所投入的正面與負面的東西。你一旦評估了你做得好的地方，以及你怎樣促成過去婚姻的破裂之後，你便可以在進入另一段關係之前，修正有問題的態度和行為。在這個過程裏，你甚至可能會發現，保持單身比結婚是個令人更有滿足感和滿意的選擇。

他／她只是朋友！異性友誼的益處與後果

我們所有人在生活中都需要有一些人。有些人甚至因著其獨特的個性、需要與渴望，可能會比其他人想得到更多的社交連繫。當你的婚姻因著死亡或離異的緣故而結束，你的一切關係都會經歷重大的轉變。無論你現時有多少友誼，你都會想結交一些只認識你是單身的新朋友。特別跟那些和你經歷類似喪失的人發展友誼，能夠使你們有一個共同的連結；你們兩人都可以合情合理地說：「我體會你所經歷的是甚麼，也明白你的生活起了甚麼改變。」你們可以分享你們失去配偶的故事，談論你們如何面對這些改變生命的變遷，因而更有效地彼此鼓勵。

對單身的成年人來說，跟男士和女士發展友誼關係都是極其有益處的。由於環境與社會性的影響，兩種性別在關係的建立上往往顯得不一樣。雖然跟你同性別的人傾談可以使你得幫助、安慰和鼓勵，但與異性傾談可能會給予你一個觀點，是從同性那裏得不到的。但要記得，當你仍然哀傷的時候，你是脆弱的，尤其是對於向你表示關心的異性。單獨與那個人相處可能會引發沒有預期的肉體與情感上的反應，削弱你清晰地思考的能力。為著這個緣故，我們建議你們不要以一對一的形式與異性會面，直至你決定你已經預備好和希望與人約會。在這個時間來到之前，要把你與異性的接觸限於羣體的聚集，讓你們有一個在情感和身體接觸上都更安全的環境。

決定冒險嘗試：學習在一個不同的世界中約會

當你已經處理及解決跟你的喪失有關的問題，不再處於情感上的痛苦中，你便已經預備好與別人約會了。如果你決定要約會，你要明白約會是可以有兩個截然不同的目標，因而也必須採取兩條不同的路線。第一，你可以去約會，與異性發展友誼，擴闊你的世界，並在過程中更了解自己。第二，你可以去約會，尋覓可以發展認真關係及有可能與之結婚的人。讓我們用一點時間來詳述這兩種想法。

我們曾經建議説：發展健康的異性友誼是一個方式，來填補你失去配偶所帶來的部分空虛感。與人約會可以使你藉著分享共同享受的活動，得著陪伴和樂趣。你並不限於獨自或與同性朋友一起追求你的興趣。許多人與各種各樣的人約會，卻沒有建立長期委身關係的意願。如果這是你的選擇，你便要確保那個與你約會的人知道，你並非尋求一段會發展到更認真層次的關係。

第二個約會的原因是要尋找結婚對象。在這個情況中，你是要尋覓符合作你配偶的條件的人，然後與他/她約會，看看你們兩人是否志趣相投而適合結婚。

如果你和對方並不清楚你們約會的原因，你們可能會在感情上受傷害。要傾談雙方的約會目的，你們可能會感到不自然，尤其是在建立關係的早期。然而，如果你們不在較早的時候作出澄清，而你們兩人都在這段關係中尋求不同的東西，那麼你們其中一方便會在情感上產生依戀，當這段關係沒有發展到一個更加認真的層次時，這一方就會因而受傷害了。你要盡可能避免跟一個與你約會目標不一致的人扯上關係。健康的約會是在於兩個人對約會所帶來的結果有相仿的期望。即使你們兩個人在約會的理由上是同步的，也不能假設這段關係會開花結果。約會的其中一個目的，是要探索你們相配的程度。你可能在幾次約會之後便決定不會再跟這個人見面，因為他/她不符合你所列出的條件。

無論你抱著甚麼看法，我們力勸你列出你渴望可能成為你未來結婚伴侶的特徵。這些特徵包括個性與品格特點、價值觀與信仰、生活方式、興趣等。也請你列出你不想對方擁有的特質，或有甚麼地方是你不會忍受對方的。這方面可能是年齡上的差異、子女的年齡、某些沉溺的行為、不穩定的經濟或工作、沒有宗教信仰或不同的宗教信仰、政治意向上的嚴重對立、一個法律上的記錄，以及/或是嚴重疾病或健康問題。要謹記，人們往往不會為另一個人而改變其生活模式的。如果你在早期便得出結論，認為那個人不符合你未來結婚伴侶的條件，那麼你在了解到之後便應馬上澄清，這對你們兩人都是一個幫忙。你可能會擔心用言詞表達你的想法與感受，但請你相信我們，把這些情況說出來對你的未來和良好的自我照顧是十分重要的。你可以說一些類似的話：「我們並不如我所盼望的相配。從我的角度看來，我們之間有太多的差異，我不想再繼續約會了。我實在感激有機會認識你，我衷心祝福你。」

給喪偶者的話

喪偶的痛苦一旦因著你努力處理哀傷而減弱後，你可能會對不同的經驗開放，於是尋找一個新人與你共度時光似乎具吸引力。許多人認為，如果你之前的婚姻是健康的話，你永遠不能在情感和肉體上再達到同等的親密程度。但這是完全錯誤的。隨著時間過去，因為你在處理失去配偶一事上關於生命這課題的一切學習，你可以依戀另一個人，並且體驗一份至少與前一段關係差不多程度（即使不能更有深度）的密切。同樣，如果你之前的婚姻是充滿衝突和不健康的話，你可以發展一段比之前更加密切與更加親密的關係。

你可能只想與一些像你一樣喪偶的人士約會。與一個曾離婚的人約會可能「造成破局」，因為你認為與喪偶人士結婚的成功率，高過與離婚人士結婚。離婚人士有一段失敗的婚姻，面對這個事實常常是叫人最關注的事。你可能根本不想接受前度配偶的存在。但你不要自欺，以為喪偶人士必然有一段健康的婚姻。有些喪偶人士在配偶離世前可能一直都處於一段有問題的婚姻中，或已到了離婚的邊緣。在任何情況中，無論你未來的約會對象是喪偶、已離婚或是不曾結婚的，你要認識他/她在這些經歷中有甚麼成長，並且他/她還有甚麼仍然需要面對的地方，以致在未來的一段婚姻中成為一個健康的伴侶。

如果你曾有一段愉快的婚姻，你可能傾向與一個跟你去世的配偶相似的人約會。但你要留意兩件事情。第一，沒有一個人能完全有與他/她完全相同，這是明顯的事，如果你嘗試複製你之前的婚姻，這可能會引發你作出很多比較。第二，當你努力去尋求跟你前度伴侶相像的人，你可能正放棄機會，在你生命的下一個階段擁有一個完全不同，也可能是更加精彩的伴侶。你要冒險進到一個新的舞台，與各種符合你條件的人約會。

給離婚者的話

你之前的婚姻不能如你所願，也不能如你所夢想般成功。或許你可能在這件事情上沒有選擇，因為是你的配偶想結束這段婚姻。你現今可能會對再次約會感到有點膽戰心驚。你可能會認為別人視你為「失敗的」。別人可能會懷疑你為何未能維持你的婚姻。但請謹記，單獨一個人是不能使一段婚姻健康的。要提醒你自己，你已學習到不同的做法，讓你下一段婚姻能夠成功。如果你打算與人約會，尋找另一個有可能結婚的伴侶，請謹記你與任何人一樣，有同等的權利擁有一段幸福的婚姻。但你要醒覺到一種反彈的效果。千萬不要因對方擁有你前度配偶所沒有的特點而神魂傾倒。要考慮整幅圖畫。即使你對他/她已有好感，也要不斷地評估這個人，以避免任何盲點返回來纏擾你。

約會的三個「P」

在決定約會之前沒有對你的安全與幸福作出任何考量，是極其不智的。因此，當你開始約會的時候，考慮三個「P」——警惕（Precautions）、協定（Protocols）與可能性（Possibilities）。

以下是一些要牢記的警惕

- **要謹慎地選擇尋找約會對象的途徑。**我們認為，如果可以的話，最好是透過一個彼此都熟識的人認識對方。如果你是使用互聯網上的交友網站，你便要留意，人們可以任隨己意來介紹自己，而你沒有一個好方法來證明或否定一個人的可靠性（例如那人是否真的是單身），直至你們花時間相處。如果你嘗試要與一個網上認識的人會面，你要小心地檢查那個（些）網站。你要找出這些網站對那些於網站上發帖的人會作出哪種背景審查。它們是怎樣作配對的——透過電腦、一個人，或者純粹是會員自己挑選呢？有些交友網站是要收取會員費的（有些網站也有其他隱藏的費用），但是有許多免費網站是可能值得先去看看的。當你終於與一個人見面時，要緩慢地發展，經常在不同的場合中面對面地接觸，好讓你能認識這個人真正是怎樣的。

- **第一次與陌生人會面時要注意安全**。把關於你住所的地址資訊告訴將與你約會的人，尤其當你沒有那個人的資料，是十分冒險的。要在一個公眾的場所與他/她會面數次，並且分別駕車前往，以致當你想走的時候，你可以隨時離開。當你對那人的精神與情緒健康狀況掌握了足夠的資料，並且有信心知道這個人是安全與值得信任的，你才可以把你的地址告訴他，並且與他一起駕車上路。另一個保障安全的要素，是隨身帶著你的飲品、手袋或錢包。
- **了解你自己及你約會的對象的約會目的**。要確定你們對約會的期望有相近的目標。正如我們在較早前提及，如果你約會是想找結婚的對象，但對方並不想這樣，那麼你便會受傷害、沮喪或浪費時間了。你可能害怕問他/她約會目的，因為你恐怕被拒絕，怕會受到傷害，而關係也會因此結束。但長遠來說，在你的情感與肉體建立了相當的依附後才終止關係，是比起在較早時期終止關係來得更加痛苦的。

- **在你開始約會之前，定下你自己在約會關係中於肉體和性方面的界線。**如果你失去你前度配偶已有一段時間，而你在那段婚姻中享受肉體的密切，約會時的觸摸可能成為你的弱點，哪怕只是觸摸到膀臂或輕輕的一吻。你要設定與對方的肉體接觸會增進至甚麼程度（在多久之後），並且在結婚之前，你會在甚麼地步停止。這條界線可能是在兩三次約會之後便可以互相擁抱，然後發展到輕輕的接吻，而不再有其他肉體上的表達，直至這段關係有進一步的發展。珍惜與你的關係的人，他/她會尊重和尊敬你的界線，也會繼續與你約會。如果情況並不是這樣，相對先與你發展情感上的親密，那個人可能對性關係的興趣更大。要讓一段委身關係有健全的基礎，建立情感上的密切感是必須的。
- **當你與人約會時，要保守你的頭腦清醒，而不是讓你的感受走在你的前頭。**關於約會，有一個重要的地方須留意，就是要客觀地決定與誰約會。你可能很想說：「我只是想給他或她一個機會。」但如果這段關係從開始便似乎是不實際、不合乎情理或不是一個好主意，它最終也是一樣的。依我們看來，一個重要的因素是，你的約會對象在離婚或喪偶之後，至少有一年時間的經歷，你才可以與他/她約會。不要掉入這個陷阱：你極其渴望擁有一段關係，以致扔掉你健康地理性思考的能力。每個人都有一些良好的質素，但你必須先全盤地謹慎考量與你約會的人，才決定是否繼續與對方約會。在你確信這人是一個約會的好選擇之前，你要盡一切所能，不要與對方發展肉體的關係。任何程度的肉體接觸都會妨礙我們客觀思考，也阻礙我們對一個人作出平衡的評估。如果稍後你得悉這個人有一些令你顧慮之處，你要評估這些顧慮是否重要到一個地步，是要結束這段關係。不要容忍不健康的行為，也不要自欺，以為你可以改變那個人。一般來說，你在早期所發現的，也是你長遠會見到的情況。

- **關於如何把你兒女牽涉在內，你要有智慧。**我們建議你，等到你們的約會關係已經認真到考慮與對方結婚的地步，才把他/她介紹給你的孩子。你的孩子不需要認識在你生活中出現的所有人。各種各樣的人在他們的生活中進出，會令他們感到混亂或失望。這並不是說，你應該祕密地約會。你的子女需要知道你已經準備好與別人約會，並且已處理好了你失去前度配偶的傷痛。當你外出的時候，你顯然應該讓他們知道你正在與一個人約會，或者是會更加經常地與這個人會面的。你要免卻他們的疑慮，就是當你決定這段約會關係有長遠發展的可能性，他們便可以與這個人見面了。

以下是一些要謹記的協定

- **決定是否要提出約會。**幾十年前，通常是男士邀請女士出來，並且支付約會的費用。幸虧現在男女雙方都可以提出約會。而且誰都可以爭取付帳。通常是提出的那一方支付費用，或是大家平分支出。如果你繼續與同一個人約會，你們應該坦白地討論誰來支付約會的費用。有些時候，何人支付是取決於誰的收入較多和負擔得起，但你要有智慧，確保你所投放在這段關係中的金錢，不會遠遠超過對方所付出的。尤其當你們的收入都是差不多的話，你自己要努力在約會的支出上保持平等。
- **評估你們是如何做決定的，也要注意操控的問題。**一段健康的約會關係就像一個法律天平，兩邊都需要平衡。意思就是說，在溝通的時候，雙方都需要平等地參與。評估你約會對象在這幾方面的能力：開放地表達他/她的想法與感受，專心地聆聽你要說的話，以及能夠在作出抉擇時與你協調，消除彼此間的差異，或平息衝突。要提防有人在做抉擇的時候行使較多權力，沒有平等地考慮你所提出的意見。我們的意見認為，如果你的對象行使了大部分的控制權，而你只得默默贊同他/她的意願，這種關係是不會良好的。
- **保持平衡的互相交談。**我們偶爾會聽聞一些人抱怨其約會對象似乎對其生活不感興趣，但卻很熱中於談及他/她自己的事。那種溝通風格看來是傲慢和自戀的。在健康的交談中，雙方都會對其約會對象的生活感興趣，包括在其對象生活中出現的任何主題所引起的想法和感受。倘若你的對象提出很少問題，或對你所講的話不太感興趣的話，那麼你便要當心了。

- **當心把想法及感受「吞下去」。**你們會想一起努力創造一個開放、尊重的環境，讓你們兩人可以在其中說出你們的想法與感受。一個真正健康的人明白到你與他/她是同樣重要的，他/她需要聆聽和尊重你要說的話。你約會的伴侶可能會在分享中刪去了一些話題或問題，因為他/她感到尷尬或害怕會遭到你的批評或惹你的怒氣。保留你對任何事物的想法或感受，不說出來，對你們和你們可能發展的關係明顯是不健康的。沒有說出來的話給藏在心裏，它堆積愈多便會產生愈大作用。這些積累的感受可能最終會在一次突發的怒氣中爆發出來，或者造成一些身體上的症狀。你要留意你約會的對象是否這種模式，但你也要知道，如果你對一個問題保持緘默，你約會的對象會假設無論他說甚麼，你都是會同意的，因為緘默一般意味著同意。一般來說，把意見保留背後的動機，是意識到你的意見及不上你約會的對象的意見那麼有用或重要。保留你的觀點不僅是不真誠，而且也削弱了認為你自己是重要與有價值的的感覺。
- **保持活動計劃的平衡。**無論你們兩人當中誰是發起和計劃活動的人，你們都需要顧及兩人的興趣。如果一個人在每次約會中都支配選擇活動的過程，這個人便是太操控了，而那段關係也不能進深。這個模式也可能顯示，那不參與計劃的一方並不投入這段關係中。

- **要當心一段不健康或停滯不前的關係。**當你們約會的時候，如果你認定這段關係是不健康的話，你要有勇氣、要尊重自己，去結束它。在當時，這可能是困難和痛苦的，但是留在一段不健康的約會關係中會危及你未來的幸福。即使你現時可能不想放開這個人，但「海裏的魚」還有許多。然而抓著不放是使你無法擺脱一段不健康的關係，而這關係將會深遠地影響你。

以下是一些要謹記的可能性

- **約會可以開發認識新朋友及有不同經歷的機會。**約會有著潛力，使我們的生活增添火花、刺激與冒險經歷，而且透過參與更多元化的活動，給我們新的可能性與方向。然而，決定與人約會也會引來各樣挑戰，使你暴露於一些危險中。你需要以長遠發展為基礎，謹慎地找尋一個人去約會。
- **約會可以開發擴闊友伴與支援基礎的機會。**當你擁有更大的社交網絡，在有需要的時候讓你給予關懷與支援你的人數便會加增。但不要忘記，約會有些時候會帶來意想不到的驚喜。即使你從來沒有再結婚的打算，你亦有可能找到一個完全符合你的條件的人，把你的想法改變過來，使你開放自己，有面對再結婚的可能性。

我尋找「自己」的屬靈旅程

在我的配偶死後，或我離婚之後，神是否真的喜歡我保持單身呢？

在你的配偶死後，或你離婚之後，你重建生命時面對的最大問題，是你要決定怎樣活你餘下的日子。在這一章，我們一直討論的問題，是你是否希望保持單身，或是可能與人約會，甚至是再結婚。有些教會擁護兩個信念，是建基於他們認為聖經的含意是這樣：第一，如果你的配偶死了，或是你已經離婚，你最好下半生都不結婚；第二，你若已經離婚又再結婚，那你就是持續地犯姦淫了。如果這兩個信念真的是神的心意，那麼你的將來似乎是非常淒慘的。由於我們已經在第二章處理關於離婚與再結婚的問題，讓我們在這裏集中探討第一個信念。

第一件事要記得的，是早期教會經歷到從異教文化而來的沉重內部衝突和壓力。不道德的性行為在社會中猖獗，有些早期的基督徒對這些事反應極端，在性方面提倡完全禁慾的獨身生活。在性與信仰的課題上，教會出現分裂——尤其因為許多人只是在設立規條，而不是幫助人作負責任的、基督教的決定。

所以，當使徒保羅參與這討論的時候，他提供符合基督教的紮實忠告——不僅是一系列的規條。在關於一個未婚者是否應該保持單身或再結婚的問題上，有兩個因素驅使保羅這樣回答。首先，他訴諸於聖經的基本原則；其次，是一個基督徒如何在其當前處境中應用這些原則。聖經的原則是婚姻的設立不僅是為了生孩子，也是要讓人在這生中有密切的人際關係。保羅甚至把婚姻類比作基督與教會之間的關係。但由於他相信基督很快會再來，他的觀點是希望信徒把焦點放在基督身上，不被各種屬世的關係，如婚姻，影響而有所分心。保羅是說，正如與婚姻可能同樣美好的，是如果你能夠在基督再來之前那餘下幾年中，仍然保持單身（像他一樣）的話，你就可以更專注地在異教世界中為主作見證。他繼續強調說，如果你不容易抑制性方面的慾望，那麼婚姻仍然是一個很好的選擇，但這個屬世的關注（包括婚姻），不應該使你從基督的呼召中分心。

雖然我們活於兩千年之後，但我們仍然活在一個性濫交很流行的社會之中。我們也知道，我們每過一天，基督再來的日子就更近。但聖經實在是說，當我們等候的時候，要記得神創造了婚姻。如果再結婚的機會在你面前出現，你要知道，聖經完全沒有阻止你。事實上，決定保持單身或再結婚，同樣都是符合聖經的正當選擇。那基本問題是不管你是藉著保持單身，或是決定約會與再結婚，你如何可以竭盡所能服事神，而在性方面保持純潔。

我如何讓神帶領我作決定呢？祂會給我一個徵兆來引導我嗎？

當談及作抉擇時，有些人所說的話，好像是他們有一條通向神的直接管道。他們說：「神告訴我要……」或是「神帶領我要……」。但可能你像很多其他的人一樣，在重建生活的過程中的許多抉擇上，為辨明神的旨意掙扎。我應該賣我的房子嗎？要開始與某人約會嗎？該聘請人來幫忙所有家務嗎？在你的配偶過身前，或在離婚之前，理想的話，你們兩人會一起商議，然後在你們認為是對的方案上取得共識。

好幾年以前，基督徒在計劃將來時，往往用「主若願意」這句短語。你今天可能不再經常聽到這句短語，但它肯定是符合聖經的。「主若願意」的意思是甚麼呢？你是否在等待從天上來的聲音？你是否尋求從神而來的一個獨特標記或信號？你是否尋求心中那份深切確信的感覺？要明白聖經在這方面的教導，我們會從「主禱文」開始，因為這基本上是與神談話的框架。這段禱文教導我們，禱告的內容是有某種優先次序的。當你想知道神對某件事情的旨意時，你通常以明確的請求開始：「親愛的主，幫助我知道，我應否賣我的房子。」但「主禱文」表明，有另外一些事情是在這類請求之**先**的。這段禱文以「我們在天上的父，願人都尊祢的名為聖」作為開始，承認神和祂的威嚴先於全世界中任何其他事情。接著，這段禱文補充：「願祢的國降臨。」它包含這現實，就是神完全掌管這世界中的一切事物。祂是王，而整個宇宙是就是祂的國度。「願祢的旨意行在地上，如同行在天上。」表示神的旨意這回事**並不**受困於任何需要或請求；它以生活的狀態或狀況呈現出來。以這個祈求禱告，是你自己要服從於祂的權柄和指導下，像承認祂是你生命的領航員或司機一樣。祂掌權，不是你。你必須要相信祂的旨意是美善的、有恩典、完美，而且充滿目的 —— 一個長遠來說是對你和你生命是最好的目的。

那麼，你可以有信心，知道在許多情況下，「神旨意」的選擇可能不止一個。如果你活在神的旨意中，先尋求祂的國的話，你可能會發現選擇甲或是乙同樣都能尊榮神。你要知道，神的旨意並非與一個或另一個特定處境聯繫在一起的一些靜態事物。活在神的旨意中只是指一種生活方式 —— 承認神是你生命的主宰。祂期望你盡所能作出最佳的抉擇。祂常常會祝福那些抉擇。有些時候，祂會更改它們的方向。所以，你可以按所想做任何計劃，但我們鼓勵你加上「主若願意」，因為毫無疑問，祂是你需要的、指引你生命的那位。

對成年單身人士在處理性方面的問題，聖經有甚麼教導呢？

現在你不再是已婚的，肉體的親近的課題可以成為一個大問題。盼望你與你配偶曾有的性關係是健康和滿足的。然而，即使它並非如此，至少你知道神創造性關係為一個美麗的體驗，帶著經驗親密與狂喜的潛力。

一個人在性方面的事（sexuality）卻並不只限於與一個伴侶有肉體的接觸。它影響你生存的每一方面——你如何思想、感受、處理問題、建立關係及發展自我觀念。性是你的本質中不可或缺的部分。從對自己身為一個女人或男人而感到十分釋然和滿足，到因你的性別（sexuality）感到十分沮喪或羞恥的序列，你可以身處任何一個位置。對你自己和你的性別感到釋然，是作為一個人必需的元素。

從青春期開始，我們便漸漸感受到自己的性慾望的能力與滲透性。我們每個人也某程度經歷過，不自覺地被另一個人所吸引。肉體的接觸（觸摸、牽手、擁抱等）會「開啟」我們對性的渴望，即使那接觸是碰巧或是無意的。我們的想像力也可以觸發起性衝動，也許會被傳媒或者其他刺激物所加強。這種對性的渴望和反應機制，全都是神原初完美創造的一部分。這種衝動及慾望並不是罪——神創造我們就是這樣的。

但是神也為我們的性慾設立界線。聖經清楚地用「成為一體」來描繪一男一女之間最深刻的關係。根據聖經的教導，性交是保留給那些終身委身進入婚姻關係的人。婚外性行為（在委身關係以外的性交）及通姦（婚外情）明確是不容許的。我們的性渴望並不似我們的食慾，可以讓我們縱情於像大雜燴般的選擇中。就正如我們決定要盡心、盡性、盡意服事主，那些結了婚的人也有這個呼召，要在性生活方面專一地向其婚姻的伴侶持守忠誠。

那麼這是否意味著，當你一旦因為配偶離世或與配偶離婚而成為一個未婚的成年人後，你下半生的性生活就必然落空呢？並不是這樣。你有許多合宜的方法來處理你的性需要，而仍能持守你的信念與價值觀。例如在一段健康的約會關係中，你可以透過接吻、擁抱或其他合宜的肉體接觸形式，得到某程度的性滿足。但如果你未能在一個較輕微的表達層次上管理你的性慾，聖經鼓勵你考慮再次結婚，好讓你能在婚姻的環境中享受你的性生活。

即使有人選擇了婚姻，但這並不是給每個人的選項，因為許多時候人們未能找到適合的伴侶。那麼你便需要透過昇華或轉移之法，尋求另一個方式去表彰和擁抱你作為男士或女士的性別本質。在社交的場合中享受與異性的關係。深情地回憶你在之前的婚姻中所經歷到的性滿足。你的挑戰就是要制訂計劃去管理你的性慾，以致你能控制它，而不是讓你的性渴望支配你的生命及危害你的正直。

4.

「第二次」來到
關於約會與再結婚，你需要知道的事情

加理的日記：我真的感到混亂。當我的太太垂危的時候，與其他人結婚的想法是無法想像的。但在過去幾個月裏，尤其是我認識埃莉諾（Eleanor）後，我的心靈（和身體！）感到好像再次活起來。當她第一次觸摸我的手，我感到好像觸電一般。我想與她約會和更多認識她。誰會知道，我可能最終會與她結婚。但我也擔心我的孩子對這新發展有甚麼看法。他們可能會以為我以前並不愛他們的媽媽。

斯泰西的日記：我是否可以再來一次呢？我不知道。許多人仍然視我為輸家，好像我是一個不能維繫婚姻的人。啊，我知道我做了一些愚蠢的事，但他何嘗不是如此。這與任何人都無關。我們基本上已經斷定，只要我們結束了這段婚姻，我們大家的生活都會好過一點。事實上，我驚訝我們共同撫養孩子可以運作得這麼好。但在過去兩個月，自從我認識了本(Ben)，我真的開始思考我是否應該從頭開始。本與我第一任丈夫截然不同。我們正在約會——每週見面兩次，有些時候三次。我們一起共度快樂時光，但我不肯定我對他已有足夠的了解，而我仍然在認識我自己！

從以往學到的功課

如果你的配偶已去世，你已經歷到人生中最難以面對的生活壓力來源。因離婚而失去配偶是第二個壓力最大的人生經驗，主要因為你需要完全重整你的生活，處理婚姻破裂而來的失敗感。[3]在這些充滿壓力的生活體驗之後，無論你是慎重地考慮再約會，或是將要再結婚，我們都建議你騰出一段時間，找一個安靜的地方把你在之前的婚姻所作出的貢獻，以及遭受到的傷害記錄下來。你也要思想你曾經努力過的地方，及還有甚麼是你仍然需要更多留意的。雖然寫日記的主意看來是沉悶和不必要的，但這樣做不僅確認你對之前的婚姻的想法和感受，而且也釐清你在將來一段有可能發展的關係中會有甚麼不同的做法。當然，你會想按著第三章所討論的，檢視你希望或不希望伴侶擁有的條件。你可能也想在書室中閱讀關於婚姻的自助書籍，或在互聯網上弄清楚使一段婚姻健康與成功的必要因素，例如誠實、信任、委身和相同的信念/信仰系統。然後你可以把不同專家的意見和你個人的喜好結合起來。完成這個過程有助你增進自尊與自信心。

我們也建議你，請熟悉與信任的朋友評估你過去的婚姻。雖然他們的意見不會比你自己的意見更有確實根據，但他們可能會識別到一些你可能沒有注視到的問題，或者這些意見可以鞏固你自己的見解。如果你不信任別人的意見，或者即使你已經接受了一些回饋，你可以考慮安排與一個專門研究關係與婚姻方面的輔導員會面數次，幫助你辨別一些仍需關注的範疇。這一切行動的目的，是讓你在進入約會的經驗及有可能是另一段婚姻（如果你正在考慮這事）的時候，可以拓寬你的視野，意識到構成一段健康婚姻的元素是甚麼。不要被情感蒙蔽了眼睛。要從你過去的經驗中學習成長。

給喪偶人士的話

希望你能現實地看你過去的婚姻。隨著時間過去，刻意地處理哀傷能使你尊重你婚姻中的美好之處，並將你在喪偶頭幾個月對他或她的崇拜放低。相對較少人永無休止地淨化自己婚姻，以及持續地把已去世的配偶當作聖人。這是可悲的，因為這樣就極難把去世的人置於過去，重新建構其喪失，以及放下之前的婚姻，邁向健康的道路，即使他們不會選擇再結婚。如果你認為你之前的配偶比你更好，那麼你對自己是重要與有價值的感覺便會被削弱。如果你計劃在某個階段會再結婚，而你又未曾了解到你已去世的配偶只不過是人，並且能夠坦誠地描述那人正面與負面的品格，那麼你新一段婚姻會有更大的失敗風險。新的伴侶永遠都及不上一個已去世的聖人。

另一方面，如果你的婚姻並不健康，你可能不會把對已去世配偶的回憶淨化。你可能曾與一個喜歡謾罵、有沉溺行為、感情矛盾、容易有衝突或操控型的配偶一起生活，而當他／她過身後，你感到釋放（可能會有一陣內疚的刺痛）。在他／她去世之前，你可能曾經打算分手或離婚。如果這是你的情況，以下一段「給離婚者的話」可能會對你有益。

給離婚者的話

你相信你實在經歷了一個完整的循環嗎？你曾是單身的，後來結了婚、離婚，而現在你又再單身——而到了這一步，你可能已預備好去約會，再次開始整個循環。你可能真的對下一段婚姻會成功的機會而感到興奮。同時，那份興奮可能會夾雜著一點恐懼，怕你下一段關係或許也失敗。

即使你的離婚經驗是充滿創傷或衝突的，為了減低你對約會與再結婚的焦慮，你需要發展一個平衡的觀點來看你之前的配偶。你的伴侶肯定不是完美的，但他／她或許也會有些優點。當你開始約會的時候，要注意回跳效應，就是你會嘗試取代或補償你前度配偶那些難以容忍和不健康的地方。如果你找到一個沒有那些弱點的人，你可能看不見其他潛在的問題。例如：如果你的前度配偶是酗酒的，要肯定這個人不會有相同的問題，但沒有這問題並不會自動令這人適合作將來的配偶。敏銳的辨別能力，並結合時間和多方面的其他體驗，有助你決定這個人是否適合你。你不應該「解決」婚事，所以你要深思熟慮和批判地處理它。要謹記，你不一定要再結婚。當你找到適合的人，再結婚才是精彩的事。

在彼此認真地約會時，你在處理你的過去所需要評估的六件事

由於你是從之前的婚姻中走出來，你可能會想比較你的前度配偶與你現在正約會的人。盼望你已經誠實地總結了你之前的婚姻的正負面之處，知道如果你再結婚的話，你會希望有甚麼不同和不同的做法。所以當你約會的時候，要透過有意義的面談，及運用敏銳的觀察技巧，向這個走進你生命裏的新人，做以下六個重要事項評估。

1. 在你們認識之後不久，你便要問你的約會對象有沒有結過婚，及任何認真的約會關係。如果他/她逃避這問題，或者回答含糊，又或是不願意談及這方面的事，那麼你便需要小心。通常如果一個人能坦誠地反省他過去的關係，他是能夠和願意開放地傾談這些事的。要謹記，在以前的約會與婚姻關係中，雙方面都有份促成所發生的事，都需要負上一些責任。
2. 如果你約會的對象有多過一次結婚經驗，你要確定你

聽到關於他每段婚姻的情況，以及導致這些婚姻結束的原因。要找出這人從每個經驗有何學習。破裂的關係愈多，你需要關注的理由便愈多。

3. 你的約會對象也會希望知道你之前的婚姻和認真的約會關係。盼望你已經分析過自己的經歷，也願意坦白地談及這些經歷。如果與你約會的伴侶沒有**問及**你婚姻與約會的歷史，或對此不感興趣，那麼你便要留心。
4. 除了婚姻之外，盡可能問他/她多一些關於他其他社交關係、約會與友誼方面的問題。讓這主題沒有最終答案，因為當你發展你們的約會關係，你會繼續認識這個人更多。
5. 如果你約會的對象從來沒有結過婚，而他/她已三十多歲或以上，你就可能有留意的理由。許多年青人是有智慧地選擇等一下才結婚，但盼望你的約會對象過去曾經有一些認真關係的經歷。與對方傾談他/她是如何處理密切關係的，以及為何對方從來沒有結婚。就他/她對關係互動的自我意識有多少，並且衡量與他發展伴侶關係的適合程度，這會讓你有一些了解。
6. 與你之前的姻親以及其家族談及你以往和現在的關係，對你會有益處。如果你是喪偶的話，你的姻親可能會以為你對其去世的兒子或女兒不忠誠。如果你是離婚的話，你前度配偶的家人可能會怪責你，並且斷定你是不想與他們的兒子或女兒努力維繫婚姻的那一方。如果他們反對你與人約會，盼望你能夠處理一切的尷尬、傷害或拒絕。他們因這去世或離異仍然處於哀傷之中，他們對你的反應的強烈程度可能還不及這哀傷之痛。有些姻親家人能與你一起過渡，並且在有意義的方式下維持關係。你將來與他們的關係顯然是會不一樣的，尤其如果你再結婚。在這個情況下，你很可能有一羣新的姻親，他們需要在你的生命中有優先的位置。

給喪偶者的話

許多喪偶人士想與一些同樣是喪偶的人約會，而且那段新關係經常是成功的。但是要小心，正如我們曾經説過，不要單單因為他/她是喪偶的，便對一個人全盤的認可。與一個新認識的人約會，總要謹記就兩個重要的關注去探索：第一，這個人是否已完成哀傷的過程，對他們前度配偶的記憶是否現實(並非淨化)；第二，這個人與其去世的伴侶的婚姻關係有多健康？與一個仍然時常哀傷的人約會是很有問題和冒險的。你也不會想在約會過程中，太遲才認識到這個人之前的婚姻是個痛苦的經歷。在關係進一步發展之前，你會需要時間找出究竟是甚麼促成那負面的結果。

與一個已離婚的人約會會帶來另一種挑戰，因為那個人沒有正面的婚姻經驗——至少在那段婚姻的最後階段是如此。你們兩人對自己前度配偶的描述或許會有很大的差異。一個已離婚的人可能不喜歡聽到你説之前的一段婚姻是如何快樂。而且因為與你約會的伴侶的婚姻不成功，他/她可能不想談及這些問題和引致離婚的失敗。有些已離婚的人想把記錄擦拭乾淨，完全不想再提及往事。對於一些使勁地關上其婚姻歷史的門，而又不願意討論或處理相關問題的人，你與他們建立關係時務要當心。

你也要留意離婚人士與他/她的前度配偶持續的關係，尤其如果他/她家中有孩子，或是與前度配偶分擔撫養權的。有些前度配偶甚至在其前度配偶的家中也對孩子凡事監控著，拒絕給予探視權，或期望他們的前度配偶給予不合宜的幫忙。與一個帶著未獨立子女的離婚人士約會，可能會增添一些經濟上的負擔。這人有可能需要支付供養孩子的費用，而且如果他/她的收入是高過其前度配偶的話，這人可能還要支付贍養費；如果你們要結婚的話，你們未來的共同收入和經濟保障也會受到影響。

給離婚者的話

如果你是離婚人士，而你又與一個喪偶人士約會的話，你可能要讀上一段「給喪偶者的話」中的一部分。我們的警戒與寫給喪偶人士話的相同——不要純粹基於「喪偶」的身分而假設任何事。不要假設喪偶人士的婚姻是健康的，也不能假設他/她知道如何擁有一段親密關係。要與他/她傾談這方面的事。然而，要謹記沒有人的婚姻是完美的——即使是一個已喪偶的人。要肯定他/她對自己之前的婚姻的評價是現實和真誠的。與一個有快樂的婚姻經驗的人約會可能有它的益處，只要他/她不會因此而驕傲自大，也不因過去婚姻的成功而操控你們的關係。

你可能想為了扭轉你的婚姻而需要尋求輔導，或與你的伴侶設下不同的界線。如果你的伴侶是願意合作的話，這些途徑是可行的。我們同意一句格言說：「跳探戈是需要兩個人的。」我們也明白到無論你怎樣努力，有些關係是不能成功的。如果這是你的處境，你可能會害怕與一個曾提出離婚的人約會，即使他/她現在聲稱自己已改變了以往具破壞性的習慣。要判斷你想約會的對象跟其過去的婚姻破裂有多少關係。如果這個人該負很大責任，那麼你便要當心。經歷、反思、接受輔導及其他洞見，可以令人大大改變過來，但你需要確定那個人值得你冒這個險。

在你說「我願意」之前，需要詳談的七件事

你可能再次墮入愛河，認為這個人是適合你的。你們已經約會了一段相當長的時間（我們建議專一地約會至少一年），彼此認識頗深，而現在你們想進入婚姻的階段。

談論「在你說『我願意』之前，需要詳談的七件事」之前，要肯定你與你將來的伴侶已經建立了對健康關係重要的有效溝通技巧。我們已經在第三章「約會的三個『P』」中，描述了我們對健康的溝通是怎樣的的看法。如果你正在認真地考慮結婚，你與你的伴侶在討論任何困難的問題時都應該感到自在，感到對方是在聆聽，而且在你們兩人中間也發展了一種平衡的溝通模式。你是配得被尊重和

看重的——不僅由於你獨特的性格，也由於你的思想、意見、信念及感受。但是我們往往會聽到「我不敢問及這個，或提出那個話題」，或者「我認為這事情以後會得到解決」，或者「我相信我們結婚之後，我可以改變我伴侶的態度或行為」。沒有人可以改變另一個人。說「我在這方面有個問題……」，隨後提出你自己的意見，你可能會為此感到尷尬。但如果你不把你自己的想法、價值與信念提出來討論，你們就不能作共同的抉擇。如果你與約會的伴侶在發展有效的溝通技巧上沒有太大進展，可考慮約見輔導員，或參加週末的婚前退修聚會，在當中學習更健康的方法彼此對話、一起作抉擇及化解衝突。

在你們大家同意結婚之前，詳細談談你們就以下七個類別中的每一個所想到的任何問題。你們如何解決這些問題，是對你們的溝通技巧的考驗，顯示你們解決彼此間差異的能力如何。

1. **你們分享興趣與活動的程度，以及希望發展社交關係的程度有多少？**各人結婚不僅因為他們彼此相愛，也因為他們想在情感與肉體上親密地連結在一起。發展情感親密的一個主要因素，是分享共同的興趣。你們空餘的時間是否喜歡做同樣的事情呢？我們建議你們列出，在各個範疇中你們兩人喜歡以夫婦身分參與的興趣與活動。每次你們一起參與一個活動，你們就建立更多共同的歷史，這是為美滿婚姻創造了紮實的基礎。

第二個促進密切的因素，是你們如何一起建立你們的社交網絡。自從你之前的婚姻結束後，你可能發展了你自己與家人和朋友的網絡。約會不僅讓你有機會個別地認識一個人，也讓你可以觀察他／她是如何與別人互動的。觀察對方在與家人和朋友相處的不同處境中有甚麼表現，可讓你確定要繼續邁向婚姻之路，或是令疑問和顧慮的陰影產生。你也要探究這個人過去的社交模式。在你進入這幅圖畫之前，他／她在社交環境中是如何與別人往來的，或許能顯示那個人在社交關係中的自然傾向。每個人對社交的興趣的程度都有不同，我們肯定你是知道這一點的。如果你約會的對象對社交的興趣與你程度相若，你們的關係會更加和睦，需要較少的努力或協調。健康的約會關係的表現，是能夠在社交方面和諧地取得一致性的：與誰約會？頻密程度？做甚麼？

另一方面，你們也想要決定你們婚後有多少時間與自己個人的朋友交際。你可能喜歡打高爾夫球，參加保齡球聯會，或是定期與你自己的一班朋友聚會。討論已婚夫婦在這方面應如何安排是重要的。視乎你過往的參與程度有多少，有些個人興趣可能需要減少、取消，或現在讓跟你可能結婚的伴侶加入其中。保留一些個人的活動與興趣對健康的婚姻是重要的，但相比發展那些能把你們更緊密連結在一起的共同興趣和活動，這些都不應該是較優先的。

2. **你們會住在哪裏呢？**你們需要決定婚後會住在哪裏。我們認為，最健康的方案是你們兩人都離開你們現時的住所，尋找一個適合你們兩人的新地方。搬到其中一方的家中是一個挑戰，尤其如果前度配偶也曾住在那裏。然而有些時候，主要由於經濟的原因，搬入一個全新的地方簡直是不切實際的。你們其中一方可能與未獨立的孩子同住，想至少現時能維持在同一居所的穩定性。或許你們兩人真的喜歡你們其中一方的居所或其所處之地區，想重新改裝或重新修飾它以迎合你們共同的品味。關鍵的因素是在抉擇的過程中，你們都同意這樣做，而且敏感對方的想望和需要。
3. **你們如何管理你們個人和大家的金錢呢？**當兩個人第一次結婚，一般來說，他們帶進婚姻中的資產甚少。但是在第二次（或更多次）結婚的時候，你們或許已經累積了某種不動產。如果你是喪偶的話，你也可能收取了一筆人壽保險賠償金。另一方面，如果你從已去世配偶的基金取了養老金，或從前度雇主那裏領取了退休金，而你又再結婚的話，你可能要冒失去這筆金錢的風險。如果你是離婚的話，你可能要支付供養孩子的費用及/或贍養費，或許你可能接受這些款項來支援你的生活費。你自己可能有一大筆債項要處理。我們可以提及無數的狀況，但我們要提出的重點是，到你決定再結婚的時候，你的經濟狀況可能會十分複雜。

你可能希望透過你的遺囑或信託基金來保障你的

資產（例如是投資、房地產、汽車等），讓你依然健在的家人在你死後有合法的權益。如果你在之前的婚姻裏有孩子的話，這方面是尤其重要的。在你確保你新配偶的餘生得到供養後，你可以利用這些法律文件保持你對資產的使用權，把你遺留下來的任何財產保留給你血緣上的繼承人。有需要的時候，你可以更改你的遺囑和信託基金。

你們需要一些磋商，決定你們雙方如何在經濟上為你們的新婚姻作出貢獻。如果你們的資產數量是差不多的話，你可以運用一個三層的方法：你的、我的，以及我們的。這個方法讓你們雙方都定期平等地分擔你們共同的帳目，支付你們共同的生活費用——食物、住屋支出、保險費、娛樂等——同時也保持個人的帳目作個人的支出，例如衣服或個人的嗜好和興趣。

第二個選擇是把雙方的所有收入都存進一個聯名戶口中，而只把你們過去的資產放在個人的戶口中。在大部分國家中，你們一旦結了婚，無論你們其中一方賺多少錢，甚至你們其中一方賺錢遠遠比對方多，或其中一方是沒有收入的，收入都被視為你們共同的財產。我們認為第二個選擇是比較好的，因為這反映你們在這段婚姻中真的是在一起，即使是在財務方面。剛剛再結婚的夫婦在開始時候通常採用第一個選擇，而當他們之間的信任程度加增之後，就轉用第二個。

你們兩人都應該個別地決定哪個選擇（或基於這些

主旨作出一些變化）是你們感到最滿意的，然後共同達成一個理財方案，包括管理收入及支出的預算案。如果你之前從來沒有做過具體的財務預算，你可以參考你當地書店的自助理財資源。

以下是其他可以考慮的一些財務意見：

- 我們已建議你保護你在再結婚之前所累積的資產，不把它們包括在你們的共同財產中。過了一段時間之後，你可能很想在你日常和每週的個人興趣與活動中動用這些資金。但你要考慮保留這些資產，僅僅用於個人的大件商品上，就如購買較重要的個人物品或支付旅行費用。如果你們兩人想一起購買較重要的物品，或一起去旅行，你們可以各自從自己的戶口中抽取相同的金額，或從你們的聯名戶口中撥款購買。
- 我們建議你設定一個預算，從你們共同擁有的金錢中每月抽取津貼，用於你們個人想要與需要的東西上。這金額應該足夠支付你每月購買的個人物品，例如是娛樂、與朋友吃午餐，或是存錢以作大金額的、個人購買，如衣物、運動裝備或週末旅行。要清楚講明哪些個人消費是由你的津貼支付，而哪些是由你們共同的預算中支付的。
- 你們應該有一個共同的家居開支上限協議，好讓你們可以使用金錢而不需要對方事前批准。這金額可能是低至兩百元或四百元，視乎你們的預算與每月的現金流動情況。如果你們沒有定一個上限，你們會製造風險，為一些開支而衝突，或者對你的預算做成嚴重的破壞。

我們建議你們訂立一份婚前協議，將你們婚姻中各種各樣的可能性都涵蓋在當中，但要確保你們包括了所有的財務安排。當你草擬了這份協議後，要諮詢一個律師的指引，以致這份協議的字眼與內容在法庭上是有效用的。草擬婚前協議並非暗示你們認為這段婚姻是不會長久的。在你們的計劃中，這段婚姻毫無疑問是你們年事漸長的時候，一個美滿的終生託付。但是你們已經認識到，死亡與離婚是會發生的，它能徹底毀滅甚至是最佳鋪排的計劃。

4. **這段婚姻對你的工作與職業有甚麼影響呢？**你們其中一人可能可選擇辭職作全時間的家庭主婦，或者是組織一個家庭或養育你已有的孩子。或者你們其中一人可能想進修或接受訓練，以獲得更理想的工作資格，使你的工作更穩定及有經濟保障。或許你的工作曾是你與前度配偶之間的張力來源。你的工作可能需要很多外遊，或者需要你有兩或三個輪班工作的時間。或者你曾很看重工作，花在工作上的時間過長，以致你的生活並不健康。你的新婚姻關係可能會推動你另覓一份更適合的工作，讓你們的關係有機會健康成長。如果你已經退休，工作可能完全不是一個問題，除非你認為你們其中一人或大家都需要一份兼職工作，以應付一些預算以外的開支。

5. **你們雙方進入婚姻時的身體、精神健康及性功能的狀況是怎樣的呢？**你們都應該完全透露你們身體與精神健康的歷史。你們雙方也要確保，你們包括你們原生家庭在這些方面的記錄，並予以尊重。然後，你們需要坦誠地評估，你們兩人在身體或精神健康方面任何對你們的關係有阻礙的問題。

我們大部分人都可能有些輕微的身體健康問題要處理——或許是你能力上的限制，或是需要一些藥物來維持健康。例如糖尿病或長期使用起搏器之類的一些疾病，會影響你們一起生活的質素，因此你們需要商討這些問題對你們將來婚姻的影響。

若一個可能成為你伴侶的人不肯在身體疾病上尋求醫治，或在任何不簡單的健康問題上拒絕查詢多一個意見，你必須當心。要認識他／她在身體或情緒方面正面對甚麼問題；評估他／她在致力發揮最大的功能與穩定性的投入程度；而且在你説「我願意」之前，你要衡量你應付任何異常情況的能力和意願。

另一個需要考慮的重要問題，是你們對性功能方面的興趣和能力。我們強烈鼓勵你們，無論你們在性方面有甚麼經驗，在你們結婚之前，都應做性傳染病（STD）及愛滋病病毒（HIV）測試，並且彼此分享這些報告。在美國全國的公共健康部門做這些測試都是容易和便宜的。你們可能認為沒有必要這樣做，但是有些時候伴侶並不知道自己帶著甚麼病菌。正如你所知的，愛滋病病毒不一定是透過性交感染的，或者他/她也可能透過與其前度伴侶的性關係受到感染。希望你約會的對象能坦誠地分享受他/她過去在性方面的活動，但你仍要小心行事。如果你的伴侶是光明磊落和健康的話，他/她和你一起採取這些預防措施是應該沒有問題的。

再者，你們要彼此分享任何性功能方面的問題。不要讓你的伴侶在婚後因你某種身體機能不良，例如是陽萎、缺乏性慾或其他問題而感到吃驚。你要預先告訴對方，希望你們兩人可以在婚前解決這一切問題。

分享你們身體健康情況的同時，你們也應討論你們曾經有過的、任何形式的情緒病或精神病。如果與你約會的對象有一種情緒病或精神病，你便要評估他/她是否負責任地處理這件事，並且它對日常生活的影響有多少。對診斷的任何否認，或是不願意有效地處理某種精神病的狀況，都有可能引致婚姻出問題的。一些精神健康診斷的治療是結合了藥物與心理治療的，所以如果你約會的伴侶拒絕得到足夠的幫助去對付可治療的疾病，你需要懷疑他/她是否有動力盡可能過健康的生活。要在婚前就認真地思考這種抗拒。你也要知道這可能成為你伴侶的人，對你可能有的任何精神健康問題，他/她處理的能力有多少。如果他/她的回應是論斷和貶低你，而不是支持你，你便該重估你們建立關係的可行性了。

6. **你們的屬靈價值觀、信念、生命目標和信仰實踐是否相配呢？**盼望你在配偶去世或與配偶離婚後探討「我現在是誰？」時，你也會檢討你的價值觀、宗教信仰和生命目標。如果你抱持某種信仰的觀點，你當然想要找出你與你伴侶的信仰系統是否相配。如果你們在這方面是相同的話，你們便可以探討你們夫婦二人怎樣透過一起敬拜、做義務工作、作一個年青人或年青夫婦的良師益友，或者幫助那些在社交或經濟上遇到挑戰的人，一起實踐信仰。擁有相同的價值觀、宗教信仰，並一起努力對世界帶來些微影響，這樣會令你們的連結更強，以及有一種屬靈的親密。如果靈性或宗教實踐對你們其中一方並不重要，但對另一方卻是重要的話，你們便需要決定你們該如何處理了。

7. **你們如何管理你們個別的家庭，尤其是子女呢？**當兩個人再結婚的時候，這段婚姻也會影響其他許多的人，而孩子是最需要考慮到的，因為他們與父母的連結是重要的。所以，在約會階段討論教養子女（特別是對那些仍然住在家中的）的方法是重要的。你也會想談及你們兩人與成年子女要維持怎樣的關係。你們雙方在自己原生家庭中所經歷的親近程度是重要的，因為這可能某程度影響你在新的家庭關係中會怎樣表現。要如實地道出你們過去童年和青少年期的歷史。我們會在第六和七章更多談及教養子女所關注的課題。

我們也鼓勵你們，談及你們想要與其他在你們生活圈子中的家庭成員和親戚聯繫的程度，包括前度姻親。你們要訂立一個目標，去計劃如何對待你們生活中許多重要的人。要謹記的是你們愈多以夫婦身分與他們接觸，你們便愈確定你們婚姻的密切。

倘若在逐一談論這七個事項時，你們發現有一些事情是妨礙這段關係向前邁進的話，你們便要勇敢且堅定地釐清那個(些)問題是甚麼。若問題對你們重要的話，你們便需要努力處理；如果你們不能得到滿意的結果，便需要決定是否繼續這段關係。

我考慮約會與再結婚的屬靈旅程

聖經在婚姻之愛方面有甚麼教導？這愛情可以比前一次更好嗎？

撇開一切談及功能失調的婚姻和離婚的談論，仍然有許多人擁有健康又滿足的婚姻。倘若你曾擁有一段美好的婚姻，而現在你已喪偶，你可能會懷疑，你是否有可能與另一個人發展一段深入、滿足且健康的婚姻。一個引起關注的信息，是在某些基督教圈子中聽到的，就是神只為你預備了一**個**適合的人選。所以，有些之前喪偶或是離婚的人說，他們已經在第二次婚姻中「解決」了伴侶的問題，正在暗示這段婚姻是次好的。

你是否可以再去愛——像以前一樣深或甚至比以前更

深地愛呢？聖經中的答案是響亮的「可以」。讓我們看看聖經關於愛的教導，並它是如何在婚姻中表達出來的。

聖經談及兩種截然不同卻重要的愛。「**情慾的愛**」(*Eros*)是一種自然、健康的愛，基於兩人的相互關係。你愛另一個人，而那人也以愛回報。「**神聖的愛**」(*Agape*)是基督的愛，這種愛是愛別人而不考慮「愛人者」自身的需要與興趣的。使徒保羅在以弗所書五章把這兩種愛結合起來。他從相互的性愛開始，談論到我們應該出於對基督的尊敬而彼此順服。你是否留意到那個鑰字——**彼此**順服？雙方是盡所能為這段關係貢獻。但是保羅繼續説，妻子應該順服她們的丈夫，**並且**丈夫應該為他們的妻子犧牲自己，正如基督為教會犧牲了自己一樣，這才是真正神聖的愛。我們可以用這個方法來思想。健康婚姻的愛情是需要兩個不同的元素結合而成的，就如氫氣與氧氣結合成為水一樣。這兩種愛本身都是獨特的、重要的和不可或缺的。但當它們結合在一起的時候，便形成一種稱為婚姻之愛的全新經歷了。

如果你曾這樣愛過，你可否再次這樣做呢？或許你從來沒有經歷過這種愛，那麼你現在能否這樣做呢？你當然可以。只要你們知道那公式，並且願意一起努力實行，你們肯定不僅能「墮入」愛河(大部分是情慾的愛)，而且也能決定去愛(主要是神聖的愛)，以致你與你的新伴侶可以一起成長，進入更深入且更有滿足感的愛情，是你或許從未曾經歷過的。

聖經對基督徒與非基督徒結婚有甚麼教導呢？

我們已經鼓勵你與你約會的伴侶思考，你們在靈性方面的相配程度。若你們都是基督徒，但卻來自不同的傳統，例如是天主教與循道衞理宗，那麼你們便要談談如何處理你們在傳統上的差異。敬拜的風格，在信仰羣體中的參與程度與性質，以及如何舉行聖禮或其他宗教儀式，這些在基督信仰中的差別可以是很大的。在那些情況中，你們就要找出一個可行的解決方法來滿足你們的屬靈需要。

但如果你認識了一個與你宗教信仰不同的人，那又怎樣呢？如果對方可能屬於截然不同的非基督教傳統，或是完全不信奉任何一種宗教信仰的，又怎樣？這裏的問題是基督徒應否故意與非基督徒結婚。這情況並非如你所料一般的罕有。曾經結過婚的人要尋覓適合的配偶，不一定是個容易的冒險。你可能會被一個信仰傳統與你相距甚遠，但卻在其他很多方面與你十分相配的人所吸引。

另一方面，對「基督徒應否與非基督徒結婚？」這個問題的答案，是十分清晰的。使徒保羅在哥林多後書六章 14 至 15 節明確地說：基督徒不能「和不信的……同負一軛」，接著他又說：「信主的和不信主的有甚麼相干呢？」這個答案對一些人來說似乎是苛刻與思想狹隘的，但是如果我們削弱了這些教導，我們便是粗心大意的。

另一方面，更加重要的一點是，我們要理解為何保羅會這樣說，並提問這種限制今天是否仍然適用於基督徒身上。保羅寫這書信的年代，是被認定為基督教會的誕生期。大部分信徒(如果不是全部的話)顯然是從其他宗教傳統改信基督教的。保羅十分清楚地道出，好像在婚姻這般親密的關係中，其中的人應該分享共同的信念與價值觀。我們認為這個原則今天仍然適用。

我們可這樣思想。如果你和你的新伴侶在喜歡聽甚麼音樂上有分歧，或者其中一方想去玩曲棍球，而另一方則想去看電影，你們肯定會找出一個折衷或協調的方案，而不違背你(或對方)之所以成為自己的最核心或實質部分。然而一個人的宗教委身是在乎「心」的——信仰的委身是一個人生命中最核心的部分。基督信仰不僅是從幾個選項中任挑其一的個人選擇。深層的信仰價值觀指導我們的生活，也促成一種正直感。你們兩人之間在宗教信仰範疇上的任何重要分歧，肯定會使你們一起生活和相愛的時候，遇到一些嚴重的張力。

我們已鼓勵你要在一些層面上分析你們的相配程度——社交興趣、居所、經濟、工作與屬靈的層面。我們堅信屬靈上的相配是健康、親密的婚姻關係的基礎，並且對你們一起發展生命的意義、目標與將來，這是個關鍵。

5.

用我們自己的言詞
「第二次來到」之後的事情

我們在之前每章都包含了題為「給喪偶者的話」及「給離婚者的話」的獨立部分，特別針對兩種失偶類型中的不同之處。我們在這裏改變形式，分享我們身為作者的個人洞見。我們經歷過喪偶，最終約會、再結婚，還把我們雙方的家庭融合在一起。我們每個成年子女也藉著回應一系列問題作出貢獻；那些問題是關於在過去十三年，他們觀察我們約會、墮入愛河、結婚及把我們的家庭融合在一起的經歷。由於這是我們個人的故事，而你的故事可能與我們的十分不同，我們盼望你能夠從我們的經驗中獲得一些幫助和支援。

在我們這些喪偶者的眼中

蘇珊對重新開始的看法

「理克是我第一任丈夫，他與一種致命的腦腫瘤搏鬥十八年後去世。在那些年間，在應付預期他會死亡的現實的過程中，我們談及很多艱難的事情。他常常叫我要在他死後再結婚。我難以接受這想法。我們的婚姻十分美滿，而我不喜歡這想法，可能是因為與其他人的負面經歷可能會污染我的回憶。在他離世後，我逐漸處理我的哀傷的時候，擁有另一段婚姻關係的想法有一段時間仍然是令人討厭的。即使我的想法改變，我不認為再結婚會是個選擇，因為有幾個人毫不猶豫地告訴我，我期望婚姻伴侶會有的條件太不切實際。然而，我在結束哀傷的階段，就立即開始對約會有正面的看法，但我決定我絕對不會為了「解決」而另覓伴侶。如果我要再結婚的話，那個人一定要滿足我所有的要求。我曾列出我考慮再結婚的時候對方要擁有的品格與特質，以及哪些是我不能容忍的。我參加單身人士的活動前，已與我的女兒、父母及前度姻親傾談，讓他們知道如果有機會臨到我的話，我是開放及準備好約會的。」

鮑勃對重新開始的看法

「我從來沒有**決定**要約會。事實上，在我認識蘇珊之前，我從來沒有意欲要約會的，我也曾拒絕了對我來說像是男女約會的幾個社交邀請。查爾與我擁有一段美好的婚姻。就像理克為蘇珊所做的一樣，查爾也曾經鼓勵我要約會，有可能的話要再結婚。但即使在我處理哀傷之後，進入另一段關係的想法也是完全不吸引的。我想像不到第二次婚姻是會比前一次更好。此外，我已到了一個地步，能夠享受和欣賞單身可給我的彈性。因此，當我與蘇珊認識的時候，我沒有意圖發展一段浪漫關係。我為著我們有興趣合作寫一本書而興奮，把我們兩人如何走過哀傷旅程的經歷匯集在一起。在寫作的過程中，我們也成為好朋友。我們兩人從起初已經決定不考慮與任何人約會，直至我們已經把哀傷處理好。然而，我意識到我們在一路上已發展了一段密切的關係，而且有朝一日我可能最終會與她約會，或可能會和她結婚。」

蘇珊對約會過程的看法

「我算是幸運的，因為我與理克的婚姻原來是這樣美滿的；我們結婚的時候只有二十二歲，對婚姻的期望是十分幼稚的。在我第二次與人約會的時候(經過二十四年的婚姻之後)，我已更多認識自己的本性，知道甚麼是對我重要的。我約會的時候，更有自信心與自尊。我喪偶之後僅七個月便認識了鮑勃。到了我結束哀傷，在理克的死忌不久之後，鮑勃向我表達有興趣與我發展超過普通朋友的關係，嘗試約會。我真的常常想念他，所以我被這段關係的前景迷住了。然而，除了與他約會之外，我透過多元化的單身活動和其他交友的機會，來試試這個單身世界，我認為這也是個有智慧的做法。我沒有草率地進入任何關係，也想儘量保持客觀。若我在約會中問及一些對我是重要的問題，而對方的答案不能符合我已確定了的條件時，我便判定那個不是有可能約會的人。這個過程是個好的經驗，因為體驗再次單身的過程中，我真誠地喜歡認識新朋友。我若真的要進入另一段專一的關係，我就更加可以更多確認自己的本性，以及我需要的是甚麼。但是我知道，認識鮑勃肯定是神的手在我們生命中作工的效果。我與神的關係對我極其重要，而任何有可能成為我伴侶的人，都需要跟我對信仰有同樣的看法。然而，我沒有指望跟一個與我一樣高度委身於信仰中的傳道人墮入愛河。這倒是一個意外的收穫。」

鮑勃對約會過程的看法

「我仍然把『約會』這個名詞與我在高中和大學時的行為聯繫起來。在我那個時期的生命中，約會是與我生命其餘的部分不相干的一件事情。它是一些在星期五或六晚上進行的事情。即使在大學中認識了查爾之後，我們持續一段很長的時間在星期六晚約會，才轉變為更深入的關係。與蘇珊的關係從起點便是更深入的。她不僅符合我所有的條件，她還超越了這些條件。與蘇珊的關係，是比在高中或大學的任何約會關係，馬上來得更真實與豐富。浪漫與激情當然是有的，但我也更加清楚我已進入甚麼光景中。我從來沒有遇見一個女性對生命能夠呈現如此的熱愛，對人性表現極有洞悉，並且她願意突破框框，這正是我一直以來的天然傾向。我想我知道自己已愛上了蘇珊。我認識她六個月後，我記得有一次我告訴她，我對她的感受改變了，比僅僅是專業上的同事或朋友的有更強烈的感情。我也告訴她，她不需要在那個時候說甚麼回應的話，我也不會再提及這件事，直至她更準備好考慮這方面的事。」

蘇珊對訂婚與婚禮的看法

「鮑勃和我專一地約會了差不多十三個月便訂婚。當我們繼續約會的時候，我們愈來愈多談及我們結婚的可能性。我們大家都知道，我們正邁向那個方向。我與我的女兒傾談我對再結婚的想法。她是個在州外就讀的大學生，只可以在假期或學期終結的時候回家；按著她至少能知道的，她知道我和鮑勃變得更加認真。鮑勃和我商量我們如何正式地訂婚。因應鮑勃的請求，我們同意他會用較傳統的方式，並且決定了求婚的時間與方式。結果是我們所有的子女和我們的父母，都比我早知道鮑勃的計劃。他採用隆重的方式，使用豪華轎車、晚宴、一打玫瑰花放在我們的桌上，之後跳舞。翌日清晨，他安排了一頓早餐給我在城中的父母、他的兩個孩子和家人，好讓他們能與我們一起慶祝。可惜他的兒子住得太遠不能出席，而我的女兒也在距離六小時車程的大學裏。我們所有的子女都能參加我們將來的婚禮，這對我是極其重要的，尤其是我的女兒。我極之希望她能夠與我們一起過渡到另一個階段，我也相信她從開始便已成功地在我們兩人當中參與很多。」

鮑勃對訂婚與婚禮的看法

「在我向蘇珊求婚之前，我用了一個週末離家獨處；我在那裏給我每個孩子寫了信，描述我怎樣為到他們的母親去世而哀傷，我如今正在怎樣重建自己的生命，而我又怎樣確定我與蘇珊那成長中的關係將會持久下去。我不肯定他們對這封信有甚麼感受，但寫這些信對我有很大幫助。蘇珊已描述了訂婚儀式的情況——至少一部分。有一件事沉重地壓在心頭的，是我曾答應她，我不會在她女兒遠在學校時向她求婚。因此我安排了在訂婚後的翌日，我們駕車去她女兒在州外的大學。莎拉預備了一大瓶香檳等著我們來到。我當然希望所有孩子都能參與，但我也到了一個地步，就是他們同意與否都不足以破壞這事。這是我的決定，而我明白神的手帶領著我生命中這奇妙的轉變。」

他們的孩子對約會與再結婚的看法

蘇珊有一個女兒，而鮑勃有一個兒子與兩個女兒。我們的第一任配偶離世時，我們所有子女都剛成年。鮑勃的子女在我們行婚禮之前四年內已全部結婚了。蘇珊的女兒當時正讀大學，她在我們結婚之後七年才結婚。在我們寫這本書的時候，我們請所有成年子女坦誠和率直地回答一份關於他們對我們約會與再結婚的問卷。我們從來沒有向他們這麼直接地問及這些具體的問題。我們會按我們提出的問題，讓他們用自己的言詞組織出自己的故事來。

首先，我們想知道：**當你意識到你的父母已結束了哀**

傷階段，準備要向前邁進，也可能會約會的時候，你有甚麼想法和感受呢？

莎拉的回答是十分直接的。「媽媽，我不喜歡你約會。我認為你太快開始一段新關係了。我知道你起初說，你與鮑勃只是朋友，但我認為你們不僅是朋友。我喜歡你找一個可以陪伴你的人，但你不能更進一步。你可能視與鮑勃的關係是友誼，但從起初我就認為它是一個替代品。」

取代離世的父母的想法，對大部分子女來說是一個大問題。他們希望能完整無缺地保留他們對父母親的回憶，當有新的人成為他們仍在世的父母的伴侶時，對他們來說往往是一種真實的張力。

卡麗對約會的問題有另一番看法。「我知道這件事始終會發生。我感到十分矛盾。一方面我為我的爸爸開心——開心是因為他已準備好重新開始。但我感到憂傷，因為這是一個確定的標示，表示他與我媽媽一起的階段結束了。我不一定已準備好這樣。」

其中一個在我們所有子女心中出現的共同主題，是某程度的快樂，因為他們仍在世的父母正在向前邁進，尋找到新的陪伴者。布賴恩這樣寫：「我記得我爸爸第一次向我提及他認識了一個『朋友』。我們正在科羅拉多州（Colorado）遠足。我可看出這段新的關係使他興奮。我開心，他正向前邁進，並且逐步再開始發展一段關係。」克理斯廷也有類似的回應：「我開心的是見到他到了一個地步，是他能夠繼續活下去，並且有機會遇到一個可以共渡餘生的人。」

我們接著問：**「當你最初知道你的爸爸／媽媽開始發展約會的關係，你有甚麼感受與反應呢？當你與蘇珊／鮑勃第一次見面的時候，情況又怎樣呢？當你意識到他們的關係已發展到不僅是『朋友』的地步時，如你的感受與反應有改變，有甚麼改變呢？」**

布賴恩談及兩個十分普遍的反應——起初為到他的爸爸開心，同時又混雜著一些焦慮，不知道這對自己和自己的姊妹會是怎樣一回事。「當我見到蘇珊的時候，我的感覺是十分中性的。然而，當我意識到他們的關係是比『只是朋友』來得認真時，我的感受變得混雜了。我感到有點寬慰，因為爸爸能夠與某人發展一段關係，與他傾談一些他認為重要的事。但我也有一點出於自私理由的擔心，就是這段關係會對我與爸爸的關係有甚麼影響。他會改變嗎？他對我所做的事仍然感興趣嗎？這對我們家庭的互動有甚麼影響呢？」

克理斯廷與卡麗的反應與布賴恩差不多是一樣的。克理斯廷說：「我記得我是為他高興的。他對自己有一個全新的看法。但與蘇珊第一次見面是有點尷尬的，因為我見到我的爸爸與另一個女人在一起。她似乎是個好人；我們能夠與她見面，我也知道爸爸是興奮的。我開心的是，有一個人陪伴爸爸外出共享快樂的時光，但要承認他已向前邁進，並且他與我媽媽的生活真的是已經結束了，這是一件艱難的事。當他賣掉我們小時候住的房子，我感到特別艱難；這對他是一件好事，但也是另一個指標說明他已向前邁進了。」

卡麗補充說：「我不覺得這段友誼對我有太多的困擾。我預期我爸爸到了某些地步便會開始發展新的友誼。我記得那次我爸爸告訴我，他準備要與蘇珊約會，為著他告訴我的時間，我十分煩亂。那時我正為翌日的重要考試作準備，我接到這消息之後便不能專心溫習了。我知道我第一次與蘇珊會面並不感到高興。我記得我的感受是比較尷尬和焦慮，而且當我的爸爸與蘇珊開始更加認真的時候，我的感覺也沒有改變。」

蘇珊的女兒莎拉進退兩難，她可能喜歡在媽媽生命中出現的陌生人，但卻憂慮這件事對自己有甚麼影響。「第一次與鮑勃見面時的感覺很奇怪，但我認為他是一個好人，我從開始就喜歡他。我不喜歡的是，當我在廚房裏找不到東西時，他馬上就知道它放在哪兒。我住得那麼遠，從他們的關係中抽離了，所以即使知道他們的關係已經不再『只是朋友』，也實在不會困擾我。我見到媽媽快樂，我是開心的。我不把他看為新的爸爸，而是視他為我媽媽的新丈夫。」

當我們愈來愈醒覺到我們已墮入愛河，最終可能會結婚的時候，我們面對其中一個最大的挑戰是，在培養我們發展中的關係的同時，也要坦誠地處理這件事對我們剛成年的子女所帶來的影響。這是特別有挑戰性的，因為當我們確信我們已經走完我們哀傷的階段時，我們的子女仍然在處理他們自己失去父母的哀傷。

為了跟進這個情況，我們便設了這個問題：**「當你仍然為著你媽媽／爸爸的離世而哀傷時，你見到你的爸爸／媽媽正開始一段新的關係，你有甚麼感覺？」**

對莎拉來説，她很難觀察到我們關係上的發展。「我完全不喜歡那種『當眾展示感情』（PDA〔Public Display of Affection〕）的表現，媽媽，我想不起我以前曾經見過你和爸爸有同樣的表現。這實在是令我感到不舒服。我覺得你將你們的關係擺在我面前。在那個時候，我還沒有準備好接受它，因為我仍然在處理我失去爸爸的哀傷。」

布賴恩回應，他關注見到自己的爸爸看來與媽媽離世前是不一樣的。「起初這不是一件甚麼大事，但當這段關係發展下去，爸爸與蘇珊一起做更多的事情，一起去更多的地方，他的生活好像是我未曾見過的。這個部分讓我感到有點難接受，因為我從未見過他這樣開心。所以，我心裏面開始起了疑問。我有沒有見過他與我媽媽一起時是這麼開心的？他懷念我媽媽嗎？他的一些表現開始轉變。我意識到爸爸正在經歷重生。按我對爸爸的了解，他現在與跟我媽媽結婚的時候不一樣。我為他開心，但是我也害怕這對我和我與他的關係會有甚麼影響。」

子女們希望知道他們仍在世的父母愛他們已離世的父母，並且為到與他／她的婚姻而感恩。而他們需要認識到，他們仍然在世的父母想向前邁進，發展人生的新一頁，這是絲毫沒有不忠誠的。畢竟，一個人是不能夠對一個已死和不再存在的人不忠誠的。

我們知道若一個年青成年人的父/母已去世的話，他的婚禮是一個反思的時間，也可能是一個憂傷的時間。為此，我們便問了這個問題：「**在你結婚當日，你的爸爸/媽媽已不在世，而你的父/母正在進入(或已經進入)另一段新關係，你有甚麼感受呢？**」

克理斯廷在母親離世後一年半結婚。她是第一個在母親去世後結婚的子女。「我在婚禮當日是苦樂參半的。我的婚事使我『欣喜若狂』，但沒有媽媽的幫助，計劃和舉行婚禮都很困難。我記得爸爸是如何介入的，在計劃的過程中參與甚多。他盡一切所能來擔當媽媽的角色，而我也認為他做得很好。那天最難過的是在他陪我走向紅毯另一端之前的那一刻，我們父女共處的一刻。他與蘇珊的關係才開始不久，所以我還沒有見過她。因此，她沒有出席我們的婚禮，這可能是一件好事。」

卡麗比克理斯廷遲一年結婚。即使那時她媽媽已去世三年了，這件事仍然引起很多情緒及帶來許多挑戰。以下是卡麗談及她婚禮的話：「這天當然是美妙的一天，結婚並且和朋友家人一起慶祝，但我確切深深感受到我媽媽當天不在。我沒機會與她一起計劃婚禮和每項必須包括的事情。我的爸爸在我行婚禮之前不久，把家中一些物品(包括我媽媽的東西)賣掉。這無疑是令我感到難以接受的。這令我更思念她，也老想著她已經不在人世的事實。爸爸在同一個夏天遷離我們的家庭，而這個失落也是另一個我需要面對的障礙。」

在同一年的稍後時間，布賴恩結婚了。「蘇珊在我的婚禮當日給予很多支持，這是我很欣賞的，但這並不能改變一個事實，就是我希望我媽媽能夠在場。我時常想到她的缺席，但這想法沒有支配我當天的感受。」

即使在我們結婚之後七年，莎拉才結婚，當時她的爸爸已離世整整十年；在這些寫下人生里程碑的事件中，她對自己爸爸缺席的反應是十分典型的。她請蘇珊陪她走向紅毯的另一端，這件苦樂參半的事提醒她，爸爸不會在場。莎拉說：「爸爸不在場對我來説是十分憂傷的事，我不是那種對自己的婚禮抱幻想的女孩子，但這是一件大事，而我覺得他的出席應該會令這婚禮更加完整。我希望他能在我的婚禮中幫忙，並且在稍後能認識我成為甚麼樣子，也希望他能與我的孩子建立關係。然而，我喜歡鮑勃出席我的婚禮（他事實上是主持這個婚禮的人）。他已成為我的父親了。」

在我們籌備婚禮活動的時候，我們已意識到這件事對我們的兒女所帶來的影響。我們希望他們能參與，作為新融合家庭的一分子，而我們知道這是使所有人能相聚一段頗長時間的惟一機會，於是我們邀請了蘇珊的父母和我們的子女來，參與我們三天的蜜月假期。我們給我們子女的問題是：**「在你的父／母與繼父／母結婚當日，你有甚麼感受呢？你參與他們的蜜月假期的一部分時，你的感覺是怎樣的？怎樣安排這些活動更適合你？」**

莎拉的體驗是十分積極的。她說：「我享受你們的婚禮，在你們的蜜月假期中也很開心。到那個時候，我已經大概能夠接受我們的新家庭了。我喜歡與我的新繼親家人在一起，因此我們可以無所不談而不需要媽媽與鮑勃經常在場。」

在另一方面，鮑勃的子女認為，雖然這是一個好主意，但這個經歷卻令他們有點尷尬。布賴恩這樣表達：「他們的婚禮場地佈置美麗，那個儀式也美麗，但我感到有點格格不入。在邏輯上和理性上，爸爸結婚是完全合情合理的，但我似乎有點不自然的感覺。我為爸爸與蘇珊高興，因為他們個人的失落已經痊愈，他們能夠找到新的意義和找到對方。蜜月假期是一個美好的表示。然而，我愈想到它和經歷它，便愈感到我自己有如身處於《脫線家族》(*The Brady Bunch*)中的一集。蜜月假期豈不是為兩個人而設，而不是為家庭的一羣人而設的嗎？如果爸爸與蘇珊自己去度蜜月，讓融合家庭中其餘的人按著我們自己的時間表和方式彼此認識，這可能是更好的。」

克理斯廷與卡麗的想法互相呼應。克理斯廷說：「在爸爸與蘇珊結婚那天，我為他們十分高興。爸爸很開心，我可以斷定他是多麼愛蘇珊和關心她。這個蜜月假期十分豐富，但卻令人有點尷尬。我感到格格不入。我不確定這是個有助益的方式，去把我們融合在一起。」卡麗補充說：「我們同意與爸爸和蘇珊去蜜月假期，因為他們實在是很想所有人都在場。然而，我們不認為這是把兩個家族融合在一起所必要做的事。」

對幾乎所有家庭來說，最初要融合在一起是困難和尷尬的，這點是我們都同意的，因為合併牽涉兩個不同的家族系統，各自有不同組織事情和處事的方式。我們的成年子女在地理上散佈全國，這製造了更多的挑戰。我們整個新家庭只能偶爾在假期或其他特別的時機相聚，因此我們嘗試在那些時間計劃一些活動，把所有孩子都邀請過來。如果他們的住處彼此接近一點，並且他們距離我們的住處也接近一點，我們猜想這個融合的過程可能會比較容易。因為我們認為每個人都有同等的參與機會是十分重要的，因此我們邀請其中兩個在我們的婚禮結束後坐飛機回家，離開這個州的孩子，與我們在麥基諾島（Mackinac Island）共度幾天。我們也意識到，由於我們的兒女都是年青成年人，他們大部分的個人資源和焦點，都投放在建立其事業和發展與配偶和/或與約會伴侶的關係上，剩下不多的精力在彼此的聯繫上。我們並不完全相信他們會有動力以他們自己的方式，運用精力去形成一個融合家庭，除非我們採取主動。

當然，這些意見代表**我們**家庭的體驗，並非一個完美模式的呈現，也不一定是對你最有效，或是惟一的方式。但希望對我們生活的粗略了解，能夠幫助你認識我們從約會到再結婚的情況是怎樣，我們的經歷可以讓你思考一些事情，並且運用在你自己的旅程中。

在離婚者的眼中

由於我們兩人都不曾離婚，因此我們邀請了我們的好朋友埃德、瓊和他們四個孩子，[4]分享他們在融合其家庭時的個人經歷。他們兩人都與前度配偶離異，跟我們差不多同時期彼此認識和結婚。埃德有兩個女兒，而瓊有兩個兒子和一個女兒。他們的兒女回答了一些問題，是關於他們對埃德和瓊兩人的相識、約會、結婚與融合其新家庭的回應。你的故事與他們的不同，因為每個故事都是獨特的，但希望你能在當中找到一些對你有幫助的內容。

瓊對重新開始的看法

「我沒有為離婚本身而哀傷，卻為我第一段婚姻的失敗而十分哀傷；這段婚姻從開始就是不好的。事實上，我已經為失去那段婚姻而難過多年，最終我鼓起勇起離婚，盼望有朝一日我能擁有一段美好的婚姻。當朋友介紹我認識埃德的時候，我對離婚的決定仍然是搖擺不定的。我不是真的想尋覓另一段關係。在辦離婚手續的過程中，我把我尋覓的一切素質與特點都記錄下來，只是為了想像一下一個好丈夫是怎樣的。把我留在這段關係中的原因，是埃德擁有我較早前所記錄下來的特質。當我認識他之後，我有跟我的兒女談及我們兩人的關係。我兒子的反應是漫不經心的，因為他們那時在大學，已經完全投入於他自己的生活。我的女兒似乎只是相信我。離婚帶來那種為破碎而哀傷的感覺，在稍後衝擊我，甚至在我與埃德結婚後仍然如此。假期、生日、婚禮和喪禮的時候，這種家庭單位破碎的感覺是最明顯的。我相信透過我現在這段健康的婚姻，醫治持續下去。」

埃德對重新開始的看法

「在分手和離婚之後不久，我便做了一個頗刻意的決定，就是我要再次約會，也很有可能會再結婚。我在那個時候已經差不多把哀傷處理好，但當然並不是完全處理好。我認為與一個同樣曾離婚的人約會，真的對我結束我的哀傷有幫助。在那個時候，我的女兒認為約會是一個好主意，事實上這是她們給我的建議。這是一段難以置信的尷尬時期，因為我難以視自己為一個單身的人。當我遇見某個符合我條件的人，我便想到我所想要的東西，但又想到更多我不想要的東西。我沒有把任何東西寫下，它全在我的腦海中。」

瓊對約會過程的看法

「我離婚的時候已經是中年人，在我的工作裏擔當領導的角色，也忙於撫養三個子女。我與埃德約會比第一次時較為冷靜，或者至少是比較克制和察覺自己的情感。我與神之間有密切的關係，與一個很好的基督徒輔導員會面，而且也有許多令人讚歎的女性朋友。我感到有盼望、愛冒險，也有點緊張。然而，我不急於再結婚，並且估計比以前需要長一點時間才能找到適合的人選。我認為與埃德約會有機會可以改變我的生命。我決定與他約會的其中一個最重要因素，是他對基督信仰的委身。我祈求神給我能力去辨明他的心，我相信神已經指示我了。我們專一地約會了差不多一年後便結婚。」

埃德對約會過程的看法

「我到大學探訪以前的中學朋友時認識我第一任太太。我想我們的約會大部分都是集中在玩樂和舞會中，沒有集中在認真的對談上。在離婚之後，我知道我會再約會。當我與瓊開始約會的時候，我感到緊張、興奮，同時也是有盼望的。我想不到我能蒙福，在這麼短時間內找到一個人。我透過一個我們共同的朋友認識瓊的，他認為我們都有差不多的情況：最近離婚，兩人都是基督徒，而且都是三月十五日出生的。我在我們共同生日那天致電給她，安排我們見面。與瓊約會跟以往任何一次經驗都很不一樣，因為我們會對重要的課題有很多討論。我感到對孩子和其他一切，風險明顯是大的。我們居住的地方相隔四十五里，這事實使我們面對更大的挑戰。正如瓊曾指出，我們有共同的信仰是導致我們在一起，以及保守我們在一起的極大因素。我的信仰一直以來都是我生命中一個重要的部分。瓊的宗教成長背景與我的不一樣，但我們信仰的核心十分相似。我與她約會不到一年，我便知道我想與她結婚。」

瓊對訂婚與婚禮的看法

「邁向訂婚和婚禮，意味我們必須與我們剛成年的子女溝通，告訴他們我們之間的事。與我的孩子傾談之後，我們帶我們的女兒一起去玩棒球。我的兒子第一次見埃德，是在他來接我外出約會的時候。那些日子是艱難的，因為所有人都感到不舒服，包括我在內。我第二個兒子認識埃德，是在埃德幫助他在大學搬宿舍的時候。埃德老是仁慈和隨和的。他們很難不喜歡他，但是他們需要一點時間來認識他。當我們接近要結婚的時候，我告訴我的子女正在發生甚麼事。由於埃德與他的孩子住在另一個城市，我的子女擔心他們要搬到那裏。為了尊重我們的子女的生活，於是我們決定在婚禮後分別繼續住在我們自己的家中一段時間。整體來說，我的子女似乎對我與埃德結婚的消息反應良好。他們的表現好像表示，只要我開心，也知道我在做甚麼，他們也覺得沒有太大的關係。我知道這件事最終會對他們有很大影響，但是我決定採納他們表面上的同意，因為我認為這是正確與蒙福的。對我來說，孩子不抗拒我們的婚姻是重要的。

「我們的婚禮比較簡單。我們只邀請我們的孩子出席婚禮和之後的晚餐。決定要讓子女們參與，是我們很多次詳談之後的結果。我想靜悄悄地去某個地方和結婚，但埃德希望孩子們都能在場，並且有某種形式的參與。終於，讓他們參與是最好的決定。關於把子女們融合在我們的新家庭中要達到甚麼程度，我的想法是有點混亂的。我知道融合可以是痛苦的，但我也不希望他們以為他們出席婚禮便解決了問題。當埃德與我後來談及這方面的事情時，我們發現我們兩人對婚姻與融合家庭有完全不同的觀點。他把我視為他女兒的第二個母親。另一方面，對於我的子女想要另一個父親，我卻沒有任何幻想。」

埃德對訂婚與婚禮的看法

「正如瓊曾提及，我們很刻意地為我們各自的子女安排第一次會面的時間。我們同意一個中性、焦點外向的活動是最適合的。我認為我的女兒們真的喜歡瓊，尤其是在起初的時候。他們喜歡她，因她對她們的生活是那麼感興趣。我的女兒們為我高興，而且對我來說，她們喜歡瓊是件重要的事。自從我們兩人專一地約會了一段時間後，我想她們已估計到我們最終會結婚。」

他們的孩子對約會與再結婚的看法

埃德與瓊結婚的時候，他們沒有一個子女是已婚的。其中三個仍然住在家中和就讀中學，而另外兩個則住在大學中。你會聽到他們怎樣回應把兩個有離婚歷史的家庭聯合起來的課題。

我們是從以下的問題開始：**當你意識到你的父母已經處理好離婚的哀傷，而且準備要向前邁進，可能會約會，你有甚麼想法和感受呢？當你最初知道你的爸爸/媽媽開始與另一個人發展一段友誼的時候，你有甚麼感受與反應**

呢？當你與埃德／瓊第一次見面的時候，你有甚麼感受與反應？以下是他們用自己的言詞說出來的話，充滿了真誠與坦率。

戈登（Gordon）是瓊最大的兒子。你可以聽到他早期見到他的媽媽與另一個男人在一起時的掙扎：「在離婚的過程中，我感到她首要看重的是讓她的子女安好，所以現在我希望她能夠快樂。我認為這是她應得的。當我知道她與埃德約會的時候，我的感受有點古怪，但認為她不是在尋找一段認真的關係。當我第一次與他見面，見到我媽媽與我爸爸以外的另一個人在一起，我想我是有一種怪誕的感覺。我想找出埃德的毛病，但是我惟一能夠提出的，就是他實在是太好人了。」

莉薩（Lisa）是瓊年紀最小的女兒。「我父母離異的時候，我正在讀中學的低年級。我感到混亂、憂傷和被壓碎。我盼望我的父母能解決問題，可以一起生活。我為媽媽難過，因為我爸爸不再愛她了。當她辦完離婚手續後，她似乎比較開心的。在她開始約會之前，我是惟一仍然住在家中的孩子，因此我們的關係愈發牢固。當媽媽介紹我認識埃德的時候，我覺得他是個好人。但起初我不喜歡的是，他這個陌生人怎麼會把我媽媽帶到某個地方，而我又不知道她去了哪裏，會甚麼時候回家。」

在瓊與埃德開始約會的時候，她排行中間的兒子特洛伊（Troy）正面對一些個人的難處。以下是特洛伊的說話：「簡而言之，我感到被出賣。在這個人生階段中，我感到媽媽與我自己的距離，比任何時期都更加疏遠。我對她的哀傷過程沒有切身的體驗，所以我不理解她處理離婚過程後才能繼續邁進是甚麼意思。故此我感到被遺棄。這跟我在她離婚前的感受有很大轉變。這令我的憤怒和苦毒更加合理，使我要逃避，過沉溺的生活。故此我對我媽媽約會的事抱著一種強烈矛盾的看法。一方面我渴望穩定，而她約會似乎是一條有可能達到這目標的道路，但另一方面，我又感到厭惡。追求麻木與漠不關心，是我往往定意要選擇的面對方式。但坦白說，有些時候我會為她快樂和興奮。多年來，我已察覺到我媽媽對我爸爸的需求是多過他付出給她的，而這段關係帶來新的可能性。我也感到焦慮、混亂和被置於圈外。當我終於第一次與埃德見面的時候，我鮮明地記得，我希望我的贊成或不贊成是有意義的，但最終我感到渺小和無能。我尋找一些可以輕視他的理由。我尋找瑕疵和短處，讓我可以不太認真地對待他和他們的關係。我想為自己的憤怒找一個焦點。但是埃德始終保持仁慈與尊重，這愈發令我緩和又勃然大怒。」

理德（Reed）是埃德兩個女兒的其中一個，她接受我們的邀請，對她的爸爸與瓊結婚及把他們的家庭融合起來的體驗作出評論。對這第一系列問題，她的回答是：「我爸爸約會的事情令我十分震驚。我認為我了解他有需要重新開始，但我的思想很快就轉移到我和我姊姊身上，以及思考他的社交生活對我們有多麼大的影響。在我第一次與瓊見面之前，我爸爸實在沒有向我介紹任何關於她的事情。我記得她站在我們家的廚房中喝咖啡。我爸爸介紹她是他的朋友，然而我記得我當時認為她可能不只是朋友。我覺得她似乎是不錯的，但她令我覺得她與我媽媽很不一樣，因為她穿的是商界的裝束。」

對年青人和成年子女來說，自己的父母與異性做朋友或隨便的約會，通常是比較容易接受的，但當父母開始認真和邁向婚姻時則不然。這往往會觸發許多其他的反應。所以我們這樣問：**當你意識到你父母的關係已發展到「不僅是朋友」的地步，若你的感受與反應有改變，那麼有甚麼改變呢？當你似乎仍然在處理父母離異的現實時，你又見到你的爸爸／媽媽正開始一段新的關係，你有甚麼感覺？**

理德的回應是十分坦白的：「我想我可能是十分投入在我自己的生活中，但我認為我爸爸似乎在他們離婚之後，真的很快便對瓊產生興趣了。我肯定他已等了一段時間才把她帶回我們的家中，但即使在那個時候，我認為是相當快。」

莉薩指出嫉妒是多麼快便來到——當她媽媽與埃德的關係變得更加認真的時候，一種競爭與被剝奪權利的感覺出現了。「當我意識到我媽媽與埃德的關係已經不『只是朋友』，我的感受與反應改變了。我既開心又嫉妒。我開心是因為她顯得開心，而且她表現得非常愉快。我嫉妒是因為埃德開始更多時間與她相處。我想多點時間與媽媽相處，也想認識埃德多一點。我常常盼望和祈禱，希望我的父母能夠復合，再次彼此相愛。但我開始明白我媽媽對埃德的感受，而我的爸爸也已經有新女友。當我知道他們與他們的新伴侶都很開心，我便慢慢接受這一切。」

瓊的兩個兒子的反應是不一樣的，因為他們在大學住，不會每天跟他們媽媽與埃德互動。戈登說：「他們發展到不只是朋友的地步，我是覺得滿意的，因為我見到埃德尊重我媽媽，又能使她快樂。我對我媽媽這段新的關係沒有意見，然而我大部分時間也是在大學裏。」

特洛伊在他們約會的後期才與埃德見面。他這樣回應：「到我與埃德見面的時候，我已經察覺到他們不只是朋友了。我知道我媽媽不僅指望要認識新朋友，我也察覺到如果他們沒有可能發展一段認真的關係，她是不會介紹埃德給家人認識的。然而，當她發展這個關係的時候，我感到愈來愈孤獨。」

你是否聽見在這變化中有一些情緒上的雜音呢？嫉妒、孤單、寬慰、快樂——觀察父/母走過約會的過程，會觸發起一切有可能出現的情緒反應。在埃德與瓊結婚之後，他們所有的子女最後也結婚了。因此，我們想知道：**「在你結婚當日，你有甚麼感受呢？你的父母與你的繼父母都有出席嗎？如果是這樣的話，你的感受是怎樣的呢？」**

戈登簡單地說：「婚禮當日很好。因為他們是在我入了大學之後才結婚的。埃德從來沒有擔當過教養我的角色。我爸爸是作為我爸爸的身分在場，而埃德則是我媽媽的丈夫和我的朋友。」

特洛伊的回應同樣頗為率直：「在我結婚當日，我在兩個父母在場的張力中仍然感到頗釋然。我記得我是十分注意到我向我爸爸與繼父親所顯示的情感份量。我覺得我有些責任要保護我爸爸，免得他在與人均分『父親』角色時有可能會受到傷害。」

莉薩是這個融合家庭結構中年紀最小的一個，你可能認為她比較難以適應，但即使她也認為她的婚禮進行得不錯。「在我結婚當日，我爸爸與繼父都有出席。我喜歡他們兩個都能夠出席我人生中最重要的日子，就是我的婚禮。我感到他們兩個都愛我，也沒有感到一點尷尬。」

埃德的女兒逃避整個問題，沒有舉行家庭的婚禮。「我私奔了，所以我不能回應那些問題。我想在我姊姊結婚之後，我的爸爸十分感激他只需要支付一個婚姻的費用！」

最後，我們很想知道他們現在對他們父母的婚姻有甚麼看法，所以我們這樣問：**「你是否認為你的爸爸／媽媽仍然保持單身比較好？它的好處或壞處是甚麼呢？」**

理德的回應是為她的父母開心，也明白她已經藉著這次的經歷有所成長。「我很難想像我爸爸一個人會做到甚麼事情。當我媽媽與爸爸最初分開的時候，他有一個十二及十三歲的孩子要照顧，這不是一件容易的事，所以我明白他多麼需要一個伴侶幫助他教養兩個年青女孩。我想他自己一直十分苦惱。我認為每件事情發生都有緣由，毫無疑問，整個處境也塑造我成為今天這個女人。」

對保持單身相對於結婚，戈登的簡潔回應是：「我認為我媽媽作了她認為對的事，我尊重她的決定。」

在這章及之前的一章，我們已涵蓋了關於約會的一些課題，也處理了再結婚的事情。我們把一些理論與研究包括在內，也粗略地看過一對喪偶再結婚與一對離婚再結婚的夫婦的生命故事，並他們各自的子女的分享，讓你有點了解在旅程中有子女陪同的情況下再結婚的複雜性。

現在，在接著的兩章中，我們邀請你聽聽我們的故事的總結，我們的焦點會放在那些再結婚、一起作父母、把他們兩個家庭融合起來的人所遇到的機會和挑戰。然而，如果你在失去配偶之後已定意要保持單身的話，你可以選擇繼續讀第六章，或者直接跳到第八章，讀一些關於設計你將來生活的構思。在第八章，我們會討論當你以一個令人興奮和有滿足感的方式重新投放資源在你的生命中時，你可以如何有智慧和刻意地運用你在之前的經驗中所學習到的功課。

6.

融合或含小塊
養育孩子和當繼父母的藝術

阿曼達的日記：在我的丈夫離世前，我覺得我們養育孩子的工作是做得十分不錯的。現在我已經再結婚，養育的工作卻變得很複雜！有些時候，我的新丈夫邁克（Mike）會為他的兩個孩子訂立規則，而我也是這樣對待我的三個孩子。但有些時候，他期望我在所有孩子身上也執行他的規則——但我不肯定他的規則是否對我的孩子是最好。啊！我們在尋求一個令大家都滿意的解決方案上有多麼大的掙扎，因為我們真的不想有那種「你的家庭和我的家庭」的情況。我們在我們關係的其他方面也處理得十分好，但一起當父母卻遇到挑戰。

喬希的日記：有些時候，我真的覺得這個融合工作似乎不太成功。我的新妻子安(Ann)和我現在一共有四個孩子,兩個處於青春期,另外兩個剛成年。他們會使我們陷入互相爭鬥中,也使我們與我們前度配偶對抗。假期與生日是艱難的日子。孩子與家人説他們有太多要見面的人,也有太多地方要去。我們要面對的變數太多了。面對所有要大家花時間在一起的、變戲法似的時間表,為著怎能夠成為一個密切的家庭,而同時又不致於忽略其他我需要處理的所有東西,我感到混亂。

第一部分:對融合一個含小塊的家庭的觀察

對前路的一些建議——融合或含小塊

當有人去世或離婚,你家庭的角色、功能與傳統都會改變,它突出的一個事實就是:這個人曾經是你的家人,現在這人不會再與你一起生活了。當你把一個陌生人加進這個家庭的混合物中,這些改變便變得更加有挑戰性。把你的新伴侶合併到這個家庭中,是需要時間和刻意地計劃的。他/她不僅要在這個家庭的系統中尋找一個位置,每個人也需要互相調節,適應不同的做事方式。

兩個家庭是否真的可以合併成為一個新家庭?你可能與我們也一樣有這個盼望。但融合不能抹殺先前於這兩個合併家庭存在的個別差異與作風。試圖要把所有人濃縮在一起是不切實際的,而且也製造引致抗拒的場景。這是我們為何比較喜歡「含小塊」(chunky)這個字眼,以蔬菜湯為類比。每一樣成份都構成整體的風味和質感,但仍然保留它自己的本質與獨特的味道。這種混合或融合需要在這樣的環境下進行的：每個人都可以開放地表達他們對如何組織這個新的含小塊家庭的意見，創造一個身分，一起慶祝特別的日子和享受家人聚集的時間。當然，最終決定這個融合家庭如何走在一起和會做甚麼，需要配合你們作為父母的，對成為一個重新配置的健康家庭的目標。

作為一個新的繼父母，我可以用甚麼正面的方式來開始這個融合過程呢？

如果你與我們完全是一樣，你希望你伴侶的子女能接受和喜歡你。你以前已經走過婚姻的路至少一次（也可能多過一次）。你不再是一個帶點天真的幼稚年輕成年人。如果你與你的新伴侶各有自己的子女，把你們的家庭連結在一起的過程是不會迅速發生。繼父母與繼子女之間，以及與繼親家人之間發展某程度的親近，是需要忍耐和努力的。建立關係可以是一個煞費苦心的漫長過程，而且有些關係可能永遠不能達到你所盼望的水平。但你要謹記，你所發展的關係的本質，不單在乎你的努力。無論你的子女是甚麼年紀，他們必須願意回報，才能與你建立密切、關愛的關係。儘管如此，你作為父母的首要責任，是尋找方法與你的繼子女建立一段健康的關係，尤其是在你們新婚的頭幾年。

以下這個非洲的民間故事是關於一個母親已經去世的男孩，這個故事有助描繪與繼子女建立密切關係所需要的忍耐。

這男孩的母親死後一段時間，他的父親與一個很好的女人再結婚；她主動向她的新繼子表示尊重和仁慈。但這男孩仍然為她媽媽的離世而哀傷，並且拒絕其繼母與他建立關係的努力。他向她說苛刻的話，又藐視她行使作為繼母的任何權柄。她竭盡所能為要得到他的喜愛，但他卻拒絕她所有的努力。她愈是奮發和推進，他便愈加冷漠與挑釁。她所作的一切都不能起作用。

最後，這個婦人在絕望中去見那巫師醫生，這是她的部落的習俗。她告訴他關於她繼子的抗拒，並請求他弄一服飲劑，讓她的兒子吃下去之後能夠喜歡她。這老巫師醫生聆聽這繼母的故事後，告訴她首先必須要把山上一隻兇猛獅子的一條鬍鬚帶來給他。

這個繼母感到震驚，也被巫師給她的任務嚇怕了。但她愛她的丈夫，也希望她的繼子能夠愛她，所以她出發走到那獅子所住的山上。

她不久便發現獅子留下的足迹，她沿著足迹一直走到山邊的一個洞穴。她靜悄悄地行到洞穴口，從她的麻布袋中取出一些生肉，把它放在地上。然後，她走到一百步以外，躲在灌木叢裏面。那山上的獅子嗅到那美味的肉，便從洞穴中走出來。牠環顧周圍看看有沒有敵人，發現沒有敵人，便吞吃牠美味的一餐了。

這個婦人第二天把更多肉帶來。她再次把肉放在洞穴的出口。但這一次，她只走到五十步以外，並且站在無遮蔽的地方。她一連七天都把肉帶來。而且每一次她都稍微更站近那盡情地吃肉的獅子。終於，這隻獅子能從她的手中吃肉，她也同時溫柔地撫摸牠濃密的軟毛。最後，她在獅子吃肉的時候，從牠的下顎拔出一條鬍鬚來。

她帶著那條鬍鬚返到巫師醫生那裏，希望能得到一服飲劑來贏取她那個反叛和抗拒的繼子的喜愛。但那年老有智慧的醫治者告訴她：「你不需要一服飲劑來贏取這個男孩子的心。相反，你怎樣接近未被馴服的山上獅子，你也必須用同樣的方式來接近他——慢慢地和忍耐地。」

這個繼母跟從了巫師醫生的忠告，每天都努力地接近她的繼子多一點。到那個季節結束的時候，這繼子不再把她視為危險的敵人。兩人第一次看見做朋友的可能性，並且快樂和親愛地一起生活在這個繼親家庭中。[5]

我們個人從這個經典傳說中找到一些智慧，也曾嘗試應用在我們自己融合雙方家庭的旅程中。有些時候，當我們的子女或繼子女使我們感到挫敗或被誤解的時候，我們會用「要記得那條獅子的鬍鬚！」來彼此安慰。這片語提醒我們，融合兩個不同的家庭成為一個新家庭，是需要一個有意識與艱巨的過程。

我該如何養育我的子女、我伴侶的子女，以及我們共同所生的子女呢？

當你把兩個家庭融合在一起的時候，你可能會遇到甚麼障礙與挑戰呢？對大部分子女來說，不管他們年齡有多大，有兩個關注是最重要的。第一，通常子女們都不願意從他們家庭的「舊有的常態」中改變過來；第二，他們會抗拒改變，因為他們可能會在那被取代（或已去世）的父／母與新繼父／母之間，體驗到一種效忠上的分歧。

你的子女或青少年的年齡，會影響他們在家中適應新繼父母的困難程度。十二歲以下的孩子在接受變動方面傾向有較少問題，他們可能會逐漸開放接受他們生命中的陌生人。然而，兒童成長至青少年時，似乎顯得更加抗拒，主要是因為他們努力於弄清楚他們自己的身分，以及怎樣才能為朋輩所接納。青年人傾向把大部分注意力放在自己的朋友和親密關係的課題上。他們離開自己的童年家庭，進而在更大的事物體系中認識自己的位置。因著他們致力於自己的發展項目，他們用於適應家庭結構轉變上的時間、精力或渴望都甚少，而這種轉變也是他們從開始便是不想要的。故此，這新的伴侶往往會成為種種消極感受，包括怨恨、討厭、憤怒、漠不關心或被拒絕的、不受歡迎的目標。

在父／母與繼父／母決定結婚之後不久，便應該澄清對這個新家庭結構的盼望，這有助子女經歷這個過程。你可以向你們每一個子女說一些類似以下的話，談及你在建立你們一起的生活裏，是多麼希望他們能夠參與其中：

> 我是你的父／母親，我會永遠愛你，也希望你得著生命中最好的事物。我希望我們能繼續有密切的關係，而你也能接受這個陌生人，因為他／她對我是重要的。我們兩人彼此深深相愛，並且計劃要結婚。我們希望**你**能成為我們共同的新生活的一部分。
>
> 我希望你知道，在你的新繼父／母與你已去世／已離異的父／母之間，是「沒有競爭」這回事的。你的新繼父／母與已發生的事件完全無關。他／她不想取代你的媽媽／爸爸，而是想與你建立一段有意義的新關係。我把這個陌生人帶進你的生命中，你與已去世的父／母的回憶，或是你與已離異的父／母的經驗，是與他／她分開的。他／她在這個家庭中是個全新的人，盼望他／她能更進一步提升你的生活。

這類陳述的目的，是幫助你們奠定一個健康的基礎，讓你們可以在其上建立一段尊重和互有往來的關係。

孩子們怎樣稱呼我這繼父／母呢？

孩子們怎樣稱呼你這個繼父／母是一件棘手的事，尤其是如果你家中有未獨立的子女。嚴格來說，母親和父親的定義是基於他們與其子女有血緣的關係。但領養回來的孩子往往也稱呼他們的養父母為「媽媽」和「爸爸」，而且當我們結婚之後，我們許多人也會稱呼我們的姻親為「媽媽」和「爸爸」。如果你的子女很幼少，你可以乾脆指示他們稱呼你為「媽媽」或「爸爸」。如果你與年紀較大的繼子女的關係是健康的話，他們會自在地這樣稱呼你。但要謹記，使用這些稱呼表示與那人有特別密切的關係，也意味著子女們需要尋求方法，讓他們與你建立這樣密切的關係。對一些子女（年輕人和成年人）來說，對已去世或離異父／母的忠誠或回憶，可能是一個太大的障礙，尤其是如果他們還沒有處理好他們的哀傷，而他們會想用你的名字來稱呼你。我們建議你讓子女們知道，你喜歡他們怎樣稱呼你，但要讓他們有些選擇，以致他們可以選擇一個是他們自在的稱呼方式。你可能是他們生命中十分重要的人，但這個角色似是朋友或成年人的模範，多過是「父母」。盼望他們至少成長到一個地步，能珍惜和欣賞有你作為他們生命中的繼父／母。隨著時間過去，當你們的關係發展和成長得更密切，若你又願意的話，他們可能會願意用一個更加親密的名字來稱呼你。

第二部分：在家中融合一個有小孩子的含小塊家庭

你們可能有些人會記得，七十年代早期一個名為《脫線家族》的電視節目。這個節目被宣傳為是最理想的融合家庭，當中的伴侶各自把自己的三個小孩子帶入婚姻中，把他們合併為一個似乎是美妙、可愛和快樂的家庭。當你們各自把你們的子女帶進同一屋簷下的時候，你可能想有一個「脫線家族」的經驗。制訂每日的常規、分享浴室、尋找放衣物的壁櫥空間、學習新的規則和程序——這一切都迅速地把負擔和壓力加在這個「脫線家族」的心理上。

由誰設立及執行給未獨立子女的規則？

如果未獨立的子女與你居住在一起，即使可能在離婚的情況裏每次只是住一個週末，其中一個首要徹底地傾談的課題，是由誰設立規則及由誰去執行這些規則。有些時候，伴侶都各自為他們自己的子女，決定和執行合宜或不合宜行為的一些後果。我們不鼓勵這種方式，因為它往往把父母與繼父母在該兒童或青少年的心中分別出來，剝奪了繼父母的權力。這會是一個「死神之吻」，因為你給你子女一個概念，就是他們只需要聽從他們的父母。這個方式也可能會在你們的婚姻關係中製造一些距離。你們正努力透過「在這事上我們是一起的」來發展夫妻間的密切，而不是運用一個讓你再次感受自己是單親的方式。在融合家庭的旅程中航行，真正再次從「我」邁向「我們」的時候，你們聯合成為一個親職的單位是必須的。

為住在家中的子女制定標準和執行規則的事情上，你們要在婚前確保你們兩人在對子女的期望上是有共識的。你們從這個角度入手，便可以決定你們兩人現在於你們的融合家庭中，在家務雜事上、家庭時間和合宜的行為態度上對子女們的期望是甚麼。你們不僅要界定在家中的行為態度該如何，也要界定在學校生活方面（例如是尊重老師及完成作業）的期望，以及在外面與朋友一起的行為。你們兩夫婦也需要決定如何執行對違規行為的紀律。對違規行為要執行合宜的紀律，例如是沒有完成一項家務、沒有完成為一份學校功課，或與兄弟姊妹打架等等。如果你們找到一個兩人都感到自在的方式，你們可以在問題產生時自己一個人處理它，相信即使你的伴侶不在場，他/她也會支持你。要謹記，如果相比之前的期望，那些變動在開始的時候過分激烈，你的子女會感到受威脅，及指責那繼父/母是煽動者。你本身作為子女的父/母，盼望你會強調那事實，就是你與繼父/母已經一致同意這些標準，而你們兩人的立場是保持統一的。兒童和青少年需要對親生或收養父/母，以及繼父/母**兩者**的權威都建立一種尊重的態度。如果不是這樣的話，那麼繼父/母會感到被貶低、不被尊重和受挫折，反過來會妨礙你們新家庭的密切和你們夫婦的親密。

在管教你自己的子女和你的繼子女時，要記住這些原則：

1. 在你的孩子面前支持配偶對這個情況的處理。如果你認為你會用不同的方式處理，等你們兩個人單獨相處的時候才商量此事。

2. 避免在你的孩子面前說你伴侶的壞話。這並不表示你不可以聆聽孩子對你新伴侶處理一個情況的投訴，但要避免與你的孩子成為同謀。你與配偶傾談這個情況後，邀請你的孩子與你們兩人商量那有問題的事情，並一起決定一個合宜的解決方案。
3. 你們夫婦總要有同一陣線的表現。你的孩子提出一個訴求，在搜集到所有有關的資料後，要讓你的孩子知道，你會私下與另一個父/母或繼父/母就那訴求傾談，然後再給他們一個共同的回應。
4. 若在某件事情上，你們兩夫婦對孩子行為失當的後果意見分歧，未能達到適當的協調，你們可以考慮讓其親生或收養父母來作最終的決定。然而，你們要評估這個紀律的成效，看看這個方法是否有效地令這種不好的行為不再出現，或你們有需要修正你們的方法。

我的前度配偶在養育子女上扮演甚麼角色？

如果你已離婚，並且與前度配偶共同撫養未獨立子女，那麼你仍然會與你的前度配偶有些接觸。你要盡可能與對方維持一種非敵對或客氣的關係；當你要作出影響你的子女的決定時，這種關係對他們是更加健康的。有些人曾經用長時間辯論，到底相對於離婚的夫婦，父母其中一方離世，在教養未獨立子女上所承受的壓力是否較少。如果那前度配偶恰當地遵守探視子女時間，並且按著離婚協議所容許的承擔與子女相處的責任，那麼已離婚的夫婦可能會有一個好處，就是其中一方可以從全時間照顧孩子中得到一點舒緩。不過話説回來，如果你的前度配偶是難相處的話，你可能會認為喪偶反而是一個好處。但如果你的配偶已離世，對方顯然是不能協助照顧孩子，你便要獨力擔起教養之責。無論你是離婚或是喪偶的，如果你的婚姻是充滿衝突的，那麼你現在便有自由按著你自己的標準和價值觀來教養你的子女，不必受到配偶的負面影響了。

第三部分：融合一個有剛成年或已成年子女的含小塊家庭

如果你或你伴侶的子女已經離開你的家（至少是進了大學或者住在他們自己的寓所），你面對的許多問題，與那些仍然有孩子同住的人面對的情況是不一樣的。由於大部分人的生活都是充實與忙碌的，與你的成年子女保持聯繫，以及他們與你保持聯繫，都是一個挑戰，因為他們不再與你一起生活。剛成年或已成年子女起初可能會支持這個陌生人在他們父母的生命中出現，因為他們見到自己的父母似乎是因找到另一個人而得到快樂，他們感到寬慰。但這種寬慰往往被多種個人的關注所取代，例如是：我與我自己父母的關係會有甚麼改變呢？我需要與這個陌生人建立怎樣的關係呢？他們對我有甚麼期望呢？現在我那已離世或離異的父/母似乎已被人取代了，我對他/她的效忠與愛又怎樣呢？作為父母，你可以透過開放地與他們傾談這些焦慮，來幫助你的成年子女。如果他們抗拒與你傾談，你可以幫他們找一個成年的指導員或輔導員來處理他們的恐懼與憂心。當他們與其他人傾談之後，希望他們能預備好開放地與你談及他們的感受。

如果你的成年子女是快將離開青少年的行列至二十多歲的年紀，他們可能完全埋首於大學生活、計劃事業、約會、選擇人生伴侶和成家立室的事情上。他們最首要注意的**並非**他們父母的生命中發生甚麼事。這種探索與安頓的過程是以自我為焦點的，有它合理與健康的理由。

即使你的子女已到了人生的中年成人階段，養育他們自己的子女和/或發展自己的事業，也可以令他們不專注於其父母的生活。因此，他們可以容易地逃避因父/母離世或雙親離婚引致他們的原生家庭破裂的哀傷。他們只會在回到「家」——你的居所的時候才需要面對它，體驗到父/母已不在了。年青成人感到有些責任要照顧他們仍在世的父母，這種情況是頗為普遍的。因此，當你開始約會的時候，他們起初可能會感到寬慰，因為他們不再需要擔心（雖然這不是必須或健康的）你的生活和幸福了。當你們的關係變得更加認真，或甚至要再結婚的時候，你剛成年的子女可能會有十分不同的反應。他們可能會更多懷念他們的父/母，或是感到你已經丟棄他們童年時期的家庭。他們可能會錯誤地假設，當你的生活會有新方向的同時，他們的生活卻仍舊是一樣的。情況顯然不會這樣。離世或離婚會帶來改變。甚至當你再結婚的時候，會有更多的改變，因為這個家庭的結構會隨著繼父/母的加入而完全被重新界定。對於他們的家庭結構裏出現的所有不受歡迎的改變，他們可能甚至會歸咎於他們的新繼父/母。我們的盼望是成年子女會理解到他們在這新組織的家庭中同時擁有自己的父母與一個繼父/母(以及這個人所給予的一切)的益處。

如果你的子女已經成年，在融合你們的家庭時，以下是給你們的四個提醒：

1. 要刻意地計劃能夠促進融合過程的活動。我們認為你與你的新配偶在訂定步伐和計劃活動上要負起基本的責任。現實地說，成年的孩子不會對這個新家庭投入很大的興趣，至少起初的時期如此，他們也沒有這樣的知識和了解、時間或精力去這樣做。然而，隨著年日過去，你或許可以較少承擔安排家庭活動的任務。盼望你的新家庭成員會提議大家相聚的方法。你每個孩子(及他們的家人，如果他們已結婚的話)明顯都有自由決定是否參與。盼望他們能成長到一個地步，明白這樣接觸和一起做一些事情能帶來密切的關係。你要不斷強調你感到一起建立這個融合家庭的重要性，但你的成年子女的參與程度是由他們決定的，這當然是不用說了。
2. 你們夫婦要表現出你們站在同一陣線。由於許多成年子女也傾向把與自己的父/母維持關係放在首位，可能甚至會排斥他們的新繼父/母，所以要努力以一個團隊的方式與你的孩子接觸。例如你們打電話時一起聽電話；一起寫電郵、賀卡、信件，並且一起在上面簽名；至少在起初的階段，這對你們兩人可能都有幫助。這並不表示，你的伴侶不在場時便不能接觸你的子女(或他們接觸你)，而是要隱含著一個健康的信息——你們既是夫婦，便希望他們能在同等的基礎上接納你們兩人。能有機會定期與繼父/母傾談，是有助於鞏固這段關係的。

3. 融合是需要時間、精力、一起親身出席、開放和關心的。我們相信，如果你們想你們兩人的家庭能夠一起相處和做些事情，你們需要我們以上所提及的一切元素。成年子女(以及他們的家人)的數目愈多，並且家庭之間的地理距離愈大，那麼要聚集你們所有人在一起的挑戰便會愈大了。但要謹記，幫助那些與你同住，不能逃避你新一段婚姻的現實的未獨立子女，與幫助那些已得解放的成年人是有所不同的，安排有組織和刻意的時間與你們夫婦及其他融合家庭的成員相聚，有助他們在這個「新的常規」中感到更自在，並培養一種「一家人」的感覺。

4. 把兩個不同的家庭融合在一起牽涉到許多考慮。一方面，你會致力把一個家庭的子女與父/母，和另一個家庭的子女與父/母融合在一起。你會在下一章讀到一些會出現的挑戰。而且，作為父/母與繼父/母，你們亦要努力與每個子女發展個人的關係。如果你想這個融合過程能有良好進展，這些方面都是需要留意的。

我們要提醒你，如果你的兒女不想參與在這融合過程中，你會感到有如把你的頭猛烈地撞向一堵磚牆一樣。這是令人難過的，因為他們事實上是定意要與他們的新家庭疏遠。但盼望他們最終會明白到，他們錯過了一個健康的融合家庭所帶來的喜樂。我們會在下一章談及我們自己所經歷的故事，盼望它能有血有肉地帶出這些重點，並且為你的融合過程提供更進一步的指引。

我養育孩子和當繼父母的屬靈旅程

聖經對成為「一家人」的教導

我們曾經看過一幅漫畫，是描繪一個婚禮中的「家庭」照的。一大羣人聚集在教堂門前。在新郎的右邊是他自己已離異的爸爸和媽媽、新的繼母、幾個同胞兄弟姊妹，連同兩個繼兄弟、一個繼姊妹，以及新郎的前度岳父。在新娘的那邊也有類似的人聚集，他們都與新娘有不同的關係。漫畫以下的標題只是「我們的新家庭」。

以往我們假設「家庭」是指兩個已婚者與其親生兒女的組合，這個時代已經過去很久了。用血緣關係作為定義，在今天已不適用了。我們可以為「家庭」賦予任何定義。

聖經對「家庭」有不同的界定，它是一個屬於神的家庭。我們這些基督徒實際上是在基督裏的弟兄和姊妹。

故此，聖經的家庭模式對我們同為一家人有甚麼教導呢？我們如何可以建立健康的家庭關係，尤其當我們要把兩個家庭融合成為一個新家庭呢？首先，要明白基督是你新家庭的頭。發展一致與共同的信仰價值觀，以及一起委身跟隨聖經的教導，是建構健康家庭體系的第一步。在重新界定你新的含小塊家庭時，重要的是要認識忍耐、仁慈、饒恕與慈悲的作用與能力。

第二，要認識聖經教導我們要愛別人，甚至是要愛我們的仇敵，要接待陌生人，以及仁慈地對待沒有父親和喪偶的人。這些教導之下的原則就是，有基督信仰的人是有可能去愛那些「不可愛」的人，以及與那些不會自然地吸引你的人發展健康的關係。你的新伴侶的子女或許有些時候似乎更似是對手，或至少是陌生人。但作為基督身體的一分子，這叫你有更多的理由去接觸他們。

最後，你要知道在聖經裏面，愛是不會自然而然地出現的。「愛」這個動詞往往是一個命令，是要蓄意行動才出現的。即使當你沒有愛你的繼子女（就此而言，或是你自己親生的子女）的傾向，或者是他們沒有愛你的傾向，你裏面仍然有力量和能力以基督的愛慈悲地愛他們。保羅在以弗所書四章 15 至 16 節的說話可以合宜地應用在這裏。「惟用愛心說誠實話，凡事長進，連於元首基督，全身都靠他聯絡得合式，百節各按各職，照著各體的功用彼此相助，便叫身體漸漸增長，在愛中建立自己。」這些說話不僅應用於教會，也用於一個新家庭的成長。這段經文的重點在於把身體結連在一起的韌帶（按：經文中的「百節」）。在融合一個含小塊家庭時，那些韌帶便是我們用來融合這個家庭的所有基督徒美德和行為——尊重、誠實、關懷、忍耐等韌帶。

做個健康父母（繼父母）的基督徒特徵是甚麼？

聖經沒有一個名為「十個有效的親職或繼親職的步驟」的部分，但它確實講述了一些關於健康與不健康的養育子女的做法。它也提供了一些可以跟從的原則，而我們每個人都必須實際地將這些原則應用在我們自己的處境中。

作為心理學家與牧者，我們常常會用一個普通的短語表達：在那我們不可完全知曉的將來，子女及其後代是一個投資。這句話使我們回想起出埃及記二十章中的第五條誡命，因為如果我們的子女懂得尊敬他們的父母，那麼神的慈愛便會臨到那些愛神的人，直到三、四代。那麼，我們可以從聖經中得出甚麼作父母及繼父母的原則呢？

成為一個榜樣（Model）。你可以用「模範」或「榜樣」這些詞語，而事實上我們的孩子、青少年和成年子女正在密切地觀察著我們的行為。一個良好的父母親模範，能夠在你初形成的家庭體系中描繪出健康的基督徒生活樣式。尤其是作為繼父母，基督徒的行為和美德是與你伴侶的子女建立關係的有力一步。

成為一個指導者（Mentor）。作為一個指導者，是會尋找一些場合，用言語向繼子女解釋為何你會有這樣的行為，並且解釋為何你會對他們有某些期望。這些解釋是從我們的子女開始的。你要做一些事情，是會令你的子女與繼子女能夠知道你健康的行動背後的動機，並且盼望他們會效法。

成為一個回憶庫（Memory Bank）。要幫助你的子女明白在家庭中所有的規則、儀式和常規都是有來歷的。當孩子、青少年或成年子女問你「為何」的時候，你的回答絕對不可以僅僅是「因為是我說的」。作為父母，你要探討某些規則和習慣的實際出現原因，以致你可以藉著提供解釋來尊重你的子女和繼子女。這個過程是建立他們自己推論的能力，和為未來的子孫建立回憶庫。

成為一個推動者（Motivator）。箴言二十二章6節說：「教養孩童，使他走當行的道，就是到老他也不偏離。」要成為一個鼓勵者和肯定者。言語的回報（一些說話例如：「謝謝」、「見到你努力，我很高興」、「你真的很盡力」）在建立自尊和自信心方面很有幫助。要小心，所肯定的是他們所付出的努力，而不一定是其最終的結果。他們或許得不到最高分數，或甚至不能完成比賽，但你要肯定他們的努力和願意嘗試的心。

成為一個管理者（Manager）。若你的孩子未獨立，你能夠在你的家庭體系中豎立一些架構和合宜的權威。你是父母，他們是兒童或青少年。你是模範與指導，而他們就是門徒或學生。兒童需要一個可以在當中成長和發展的架構。你提供一個棚架給他們，讓他們在其上逐漸地建立自己的生活。最終這個棚架會被移除，但如果你已經把你的親職任務做得好的話，他們的生命「建造」以健康的自尊、自信和界線的發展完成，是有望能經得起時間的考驗。

應為養育子女的主題作個總結。要謹記，養育子女是藉著影響，而不是靠操控。你可以盡你的所能去做，但是你不可以保證有甚麼結果。盼望你的努力能有卓越的利益收成。但是倘若結果不如所願時，留意不要怪責你自己。你已做了你能夠做的。如果你的繼子女（就此而言，或兒女）抗拒你，那麼我們促請你閱讀下面的默想。

作為一個基督徒，如果我的繼子女不接納我，我該怎樣做呢？

你小時候可能曾經玩過一個遊戲，把一朵花的花瓣一片片地拔出來，邊拔邊說：「他/她愛我，不愛我，愛我，不愛我」，直至所有花瓣都被拔光。渴望被接納和被愛是個自然的、神所賜的渴望。被忽略或甚至被拒絕，會打擊你的心靈和自我。當我們談及與你的新（或將來）伴侶的子女建立關係時，你要冒的險會大幅增大。如果你已經訂婚或已再結婚，你與你的繼子女之間應該有一種連繫、關懷與愛的感覺。任何不足之處也似是他們已經拒絕了你，這或者會在你與他們之間，也有可能在你與你的新配偶之間製造矛盾。

那麼，如果你配偶的子女並不支持背後的愛與欣賞，你會怎樣做呢？甚至更加尖銳一點，如果在你們談戀愛的階段，甚至在你們婚後的幾個月，你遇到一些隱含的抗拒，或者甚至是明顯的對抗或敵意，那又怎樣呢？除了良好地管理自己的心理健康，如我們已談論的之外，聖經在處理這件事情上面是否有任何提議呢？

雖然聖經沒有任何關於繼子女抗拒繼父母進入其生命的具體例子，它有大量例子是關於如何用基督徒的方式處理抗拒與拒絕的。讓我們來看看那位在客西馬尼園的耶穌。在幾日前耶穌凱旋進入耶路撒冷的時候曾高唱哈利路亞的人，全部都已經離開祂。祂的門徒已經睡著，對祂所受的極大痛苦和將要面對的事都不太敏感。耶穌正與祂的天父為著將要面對的事而角力，然而祂以「不要照我的意思，只要照祢的意思」這句話總結了祂的禱告。這並非吃酸葡萄的心態，或是被動地順從那件不能逆轉的事。我們用基督示範的禱告來祈禱，是表明我們誠實地確認我們不操控結果。我們祈求「祢的旨意成就」，並不表示繼子女的抗拒或拒絕是神的**旨意**。同樣，亞當夏娃背叛神，不是祂的**旨意**，整個世界被罪惡、抗拒與拒絕所破壞也不是神的**旨意**。然而，基督所遭受的短暫拒絕是醫治這破碎的必要步驟，而只有基督才能提供醫治。這個破碎的最終復原，只有在末日祂再回來的時候才會出現。在祂復活與祂再回來之間的階段，我們仍然祈求「祢的旨意成就」，表示我們接納在我們於天上一起分享生命之前，這個世界和我們所有的關係都不會完美。

祈求「祢的旨意成就」並非表示你是被動地等待神做某些事情。「祢的旨意成就」實在應該重新敍述為：「幫助我能夠做祢要我做的事，也在子女的心裏和生命中動工。」神看見那幅大圖畫，而我們每個人只參與這故事中的一小部分。但它的意思是你需要做你自己的部分。你可以怎樣處理你繼子女可能有的抗拒，耶穌是個示範。

要謹記，這個園子是引人到十字架的。神的「旨意」要求耶穌迎向抗拒與拒絕。在這裏的原則是你要進入痛苦，而不是逃避它，以致你能忍受和克服它。當你遭到你的繼子女的抗拒，要謹記這也是哀傷旅程的一個組成部分。舊的生活方式已不復存在了。家庭生活會改變。即使你與新伴侶的生活多麼的精彩，她/他子女的抗拒提醒你，你同時仍然需要與他們建立一個「新的常規」，而這事不會一朝一夕就發生。

那麼，就運用這個抗拒來成就更大的好處吧。正如一些自我防禦的技巧會運用抗拒的力量，把它轉化成為一些美好的事物，你也可以嘗試向你的繼子女這樣做。耶穌藉著在十字架上的死亡，實際上是戰勝了那把祂釘在其上的抗拒力量。

最後，你心裏面要保持那個「遠景」。粉碎阻力與抗拒或許似乎要花一段長時間。你或許甚至不能完全成就此事，或做到一個令你滿意的地步。另一方面，堅持與忍耐往往到最終能夠成功。耶穌能看見「遠景」——得勝的喜樂。如果你能保持你對家庭的遠景，你便能應付每天或當前所遇到的阻力。祈求忍耐與智慧。這些是神給你的恩賜，當你排除障礙向前擠的時候，它們能幫助你建構你的「新的常規」家庭。

7.

用我們自己的言詞
「融合或含小塊」之後的事情

在之前的篇幅中，我們已扼要地描述你再結婚後，致力把兩個家庭融合起來時，你要考慮的課題與進路。在你的家中，你或許遇到的阻力很少，也得到高度的合作。然而，為數甚多的家庭要面對一場往上走斜坡的戰爭。要謹記，每對夫婦應付自己的子女與繼子女的經歷都是獨特的。

這章的格式與第五章相似，但現在的焦點在於再結婚之後兩個家庭的融合。我們都是再結婚的喪偶人士，我們連同我們的子女都貢獻出我們的觀點。埃德與瓊也分享他們離婚後把他們的家庭融合在一起的經驗。我們盼望這些故事能夠讓你洞察到你的旅程是怎樣的，以及有助在一路上給你鼓勵。

在我們喪偶者的眼中

從結婚開始，蘇珊對融合的看法

「我們的婚禮是一家人的事，我們所有子女及我的雙親都參與在典禮中，站在我們旁邊及負責一些誦讀工作。我的女兒莎拉和鮑勃的兒子布賴恩都在我們的婚禮宴會祝酒。我們覺得這是美妙的日子，是我們一起過新生活的好開始。你已經閱讀（可能你會暗笑，因為它有點異於慣常的做法）到關於我們邀請我們的家人與我們一起共度蜜月期的一部分。

「當我回顧的時候，我會說這個融合過程最艱難的地方，是我們的孩子都散居於各處。除了在特別的時機之外，這令我們難以聚在一起。我明白到當子女不再與他們的父母同住時，他們要認識其陌生的繼父／母和家人是特別困難的。當鮑勃和我訂婚的時候，我邀請了我兩個繼女兒個別地與我吃午餐，好讓我們更多彼此認識。我認為我是個柔和與懂得關心人的人，我嘗試有這樣的表現，對她們的生活表示興趣。由於我的繼兒子布賴恩在外地生活，我與他沒有太多一對一的時間。我們相處的時間都是我和他爸爸一起的，而布賴恩結婚之後，我們也把他的妻子納入來。現在到了這個階段，我們與我們的成年子女及其配偶的密切程度，是視乎我們和他們發起要互相聯繫的時間有多少而有所不同。

「我們一直以來也試圖安排時間給我們每一個子女（及他們的家人）。我們仍然嘗試整個家庭在假期和其他特別的時機中，一起做一些特別的事情。我們也會帶每個孫兒的家庭到我們雙親的公寓共度週末；它位於流向密歇根湖（Lake Michigan）的彭特沃特湖（Pentwater Lake）。然而，我們之前有全職工作（鮑勃最近剛退休），現在也忙於在研討會中演說、帶領工作坊和致力於我們的寫作企劃。我覺得我們的生活就像玩雜耍一般，我們大家都在追求我們自己的專業，同時也要努力去建立我們的家庭關係。另外，我們也有熱誠和呼召，要透過我們在演說和寫作上的努力，協助個別垂死與哀傷的人，以及其照顧者。

「然而，我必須要說，我在這整個過程中一直很蒙福。我的擴大融合家庭豐富了我的生命。我所有繼子女與其配偶及家人都各有其獨特之處，對我來說都是很特別的，而我也覺得我與他們的關係都不錯。我已認識到融合兩個家庭實在是多麼困難。我是個心理學家，我傾向有點理想主義，常常會看到許多方法可以令人過更好的生活，也包括我自己的生活。但融合工作所需要的時間和努力，比我最初所以為的更多。我對把兩個在之前已建立了的家庭體系結合起來的複雜性有新的賞識。我相信我在忍耐、恩典、饒恕和接納上已有所成長。我認為這經驗也令我更加敏感到，別人在他們融合兩個家庭的旅程上所面對的挑戰。」

從結婚開始，鮑勃對融合的看法

「當我回顧過去時，我便展現出微笑，因為我的婚禮活動能夠這樣順利進行，並且我們看來有這麼多的歡樂。我們婚禮當日拍下的新融合家庭的照片，仍然在壁爐上。轉眼已超過十年，在融合家庭的路程上，我察覺到我對前面的日子中我們會遇到甚麼，所知道的甚少。

「事實上，我不肯定我可以辨識到這個過程最困難的部分。有些融合過程是順利的——我們所有人似乎都能夠共度美好時光。頭幾年聖誕節的其中一次，我們在一個滑雪度假勝地進行家庭聚會，晚上我們所有子女都在外面的雪地，利用他們的汽車的燈光踢足球。這似乎是他們融洽相處的一個好徵兆。

「我們兩個家庭有不一樣的風格，從兩者所習慣的正常關係的深度可見。蘇珊的家庭的本性是更多以家庭為本，家庭的連繫也較強。在我的子女長大的過程中，我們當然覺得我們是一個密切的家庭。但現在我經歷過蘇珊的家庭的密切，我覺得我能更深地賞識一個家庭可以是怎樣的。我也更醒覺到，我從來沒有與我自己的兄弟姊妹和雙親，發展過這種密切與親密的感覺，就是蘇珊一直以來與她父母保持的密切與親密。我開始領悟到，原來家庭可以比我所經驗過的更豐富，我也開始期望我的子女要有一些他們從來沒有經驗過或接觸過的行為。

「我意識到，我要與蘇珊的女兒莎拉發展一段關係，因為她起初對我有戒心——不太肯定該怎樣對待這個在她媽媽生命中出現的陌生男人。我們在外面一起吃過幾次午餐。莎拉已懂得坦誠與直接地談及她的印象、價值觀與目標。這讓我感到輕鬆一點。當她經過大學生涯，找到第一份教師工作，以及最終結婚，我都嘗試給她時間，作為一個成人，聆聽她的經歷。這整個過程，我相信她已把我看成她生命中一個寶貴的人。我們已發展很親密的、成人與成人之間的關係。她問我各樣事情的意見，似乎是覺得我的見解是有價值的。她偶爾會稱呼我『爸爸』，而我亦高興我們已發展至如此的密切程度。

「這樣把兩個家庭融合起來有沒有一些益處呢？是絕對有的。我現在有另一個很特別的女兒與女婿，以及多兩個很好的孫子。我已稍為更懂得如何真正地與我自己的親生子女建立關係。另一個對我的好處，是融合也包括蘇珊的雙親。我自己的父母親已在幾十年前去世，而現在我有一對真正愛我和關心我的父母，而我也是這樣對待他們；我喜愛這樣！」

我們極之希望我們的孩子能夠接納和愛我們，及喜歡他們的新兄弟姊妹，所以我們有些時候可能是太過努力。我們當時不以為然。但是現在當我聽到我們孩子的一些評論時，我們猜想如果我們在融合的早期並不是那麼刻意地安排，情況會是怎樣的。我們恐怕如果我們不曾竭力付出這麼多的努力，我們的孩子與其他家人便會成為「獨立的盆子」，而不是我們現在所擁有的含小塊的融合。我們行事的原則是，我們既然結了婚，真不想是「你的家庭」和「我的家庭」各自做自己的事。我們想成為「我們的家庭」。因此，我們安排了一些活動，是我們認為可以開始新家庭的傳統，或只是帶來歡樂體驗的。我們組織過去遊樂園的旅行；到沙灘進行家庭聚會；嘗試創立特別的假日慶祝；作冬日滑雪活動的東道主，並且作任何符合我們起先稱為「融合重力出擊」條件的活動。在這些活動中，我們設法把我們剛成年的子女、其配偶或重要的人物、蘇珊的雙親，以及我們現在的孫兒們都包括在內。從我們訂婚開始，以至在這十三年的婚姻生活中，我們都運用這個方法。我們認為，父母需要帶頭把這兩個家庭招聚在一起。隨著時間過去，我們改變了我們的方法，我們讓他們知道，我們想見到甚麼發生，聽取他們對我們的方案的反饋。在可能的情況下，我們找出一個協調方法，然後嘗試接納他們個別的興趣與投入程度。在這個旅程中，我們不斷三番四次地被提醒，任何家庭的關係都是不完美的，但是我們相信當兩個獨立的家庭花時間一起，帶著目標和關懷，是可以一起成長，更有深度和深情的。

他們的孩子對融合他們家庭的看法

由於我們是這麼刻意地把兩個家庭結合在一起，我們渴望知道我們的子女對這個融合過程的看法，尤其是現在我們已經結婚十三年。故此我們問：**「把我們的家庭融合在一起的過程中，哪個地方是你覺得最困難的呢？怎樣做會對你更好呢？」**

對莎拉來說，最困難的部分是「嘗試認識其他與我們分隔這麼多公里的孩子。我是個獨生女，我覺得我一輩子都沒有兄弟姊妹，所以我期待能有一些。隨著時間過去，我察覺到我們是密切的，但是並不如我想像中的兄弟姊妹那樣。這不是因為我不喜歡他們，我是喜歡的。只是我難以與一些一年才見幾次面的人建立密切的關係」。

對卡麗來說，問題不僅是在於地理上的距離，更是兩個家庭風格上的差異所產生的距離。她說：「我認為當父母二人嘗試要融合兩人的家庭時，他們需要考慮到兩個家庭的成長的不同——不同的價值觀、不同的傳統。繼父/母不應期望繼子女接納他/她的傳統與價值觀。」

我們當然同意在融合的過程中，兩夫婦必須考慮到每個家庭不同的價值觀與傳統。然而，「融合」的目的是要找出一個方式能夠協調、適應或調節這些不同傳統的各個方面，作為一個架構去發展新家族傳統。這是融合的要素，盼望兩個獨立家庭的所有成員都會參與在這個過程中，看見尋求新的相處方式的價值。

對鮑勃的兩個女兒來說，與她們自己的父親維持有活力與緊密的接觸似乎是個大問題。卡麗與克理斯廷似乎懷念與她們的爸爸單獨相處的時間，尤其是在初期。她們覺得她們不能像以前這樣接觸到爸爸。克理斯廷揣測：「我不知道這是否因為他是爸爸，而我是女兒。我知道蘇珊不時會把握機會與她的女兒單獨做一些事情。我知道一個孩子失去媽媽，相對於失去爸爸，以及這個孩子是兒子還是女兒，當中的互動也是不一樣的。融合兩個家庭成為一個整體以來，爸爸與蘇珊已經盡了很大的努力，也十分慷慨地提供機會讓我們能相聚一起。我認為他們的意圖是好的，但有些時候應該容讓事情發展得自然一點。」

布賴恩的回應結合了兩個主題：地理上的距離限制他與繼兄弟姊妹建立更密切的關係，而且當我們結婚之後，他與他爸爸的關係似乎也發生了變化。他寫道：「爸爸與蘇珊結婚的時候，我已經在外國，去到另一個國家，認識馬西婭，建立了新的生活。我發現爸爸的改變。我發現他優先考慮的事、喜好、朋友，甚至是他所屬的政治黨派也改變了。最艱難的事，是我感到我好像失去與我爸爸一對一談話的能力。最初，我真的感到與爸爸和蘇珊一起談話是一件『要麼全有、要麼全無』的事情，而我只是想和爸爸談話。今天，我覺得如果我有需要的話，我可以與他們任何一個單獨談話了。」

對融合中最艱難的地方作出回應後，我們盼望我們的孩子能對我們一起的新家庭說一些正面的話。於是，我們問他們：**「身為一個融合家庭的一分子，有沒有為你帶來任何好處或『祝福』?」**他們的回應全都十分簡短，但卻有不同程度的肯定。布賴恩十分直接地說：「一個明顯的祝福就是爸爸與蘇珊有一個新的生命契約，而我認識了一些很好的人。」其他兩個也有同樣的主題，卡麗分享說：「我已經在一些十分美好的新關係中得到祝福。」卡麗與克理斯廷也評論說：「有些人經歷父或母親離世，而後來他們在世的父或母又有新的婚姻，我對這些人有更多了解，我想我也因此得祝福。」克理斯廷補充說：「融合家庭的祝福，是它讓我有機會與我可能從來不會遇上的人建立關係。」莎拉由衷地說：「最大的好處是我得到一個爸爸。」繼父似乎部分填補了她爸爸死後所遺留下來的空洞。這是我們對我們所有孩子的盼望。

可是，怎樣可以令這個過程更加暢順呢？我們明白我們所作的絕對不會完美。我們總是可以改進的。所以我們問：**「你認為我們或你可以有甚麼不同的做法，促進這個融合的過程呢？」**

我們的主張是我們要努力帶動融合的過程，而不是讓這個關係自己發展；我們得到的回應再次回到我們與某些孩子持不同的主張。我們作為新婚夫婦，似乎有目的和刻意地計劃，但對我們一些子女來說，卻有些時候似乎是太過有計劃了。

卡麗說：「我認為把兩個家庭融合的努力是太過刻意和有強制性。對我來說，我認為一個比較隨意的進路會更好。我可以理解到，當父母二人再結婚的時候，他們最大的心願是要每個人都完美地組合在一起，而他們希望見到這情況快些出現，而不是遲一些。在爸爸與蘇珊結婚的時候，我們已經是獨立的成年人，而要塑造成年人不如塑造年幼子女般那麼容易。」

鮑勃的子女似乎特別被我們在融合過程中那種刻意的程度所影響。他們顯然希望這個過程緩慢一點，或者是遵照他們認為是更加順其自然的方式，讓它「就是這樣發生」。布賴恩與他的姊妹的觀點互相呼應，他認為我們不應該「這樣刻意地融合這兩個家庭」。他繼續說：「這一點可能與你們對如何把家庭融合起來的信念有相違背，但我認為它製造了一些阻力（至少在我而言是這樣），而如果這過程是更加隨意的話，便不會有這些阻力了。在兩三次的場合中，我情願躺在地上，或讓那些對話指引下一個活動。這可能只是我風格的問題。事實上，我有些時候想，爸爸與蘇珊是嘗試達到一種不可能達到的融合程度。我不期望會與我一年中偶爾才見到的新家人分享我生活中的祕密的細節。這並非因為我不喜歡我新家庭中的某人。我真的享受我們的融合家庭相聚一起的時間。但是我的重點是，我與繼姊妹和新的祖父母的關係，是不會好像我與親生姊妹一樣的。」

莎拉的回應有更多的修飾，但她確實提議在所有人的聚集中可以少一點組織，並且在早期要與她的媽媽有多些一對一的機會。她寫道：「媽媽，我認為你太努力把鮑勃介入我們的母女關係中。有些時候，我只是想在電話中與你單獨談話和與你單獨做一些事情。我喜歡我們三個人相處，但我覺得我們的時間有些時候已成為媽媽、鮑勃與我的時間，而不是母女時間。」

當你讀到這些評論時，你應該會清楚我們計劃和組織了在假期或特別場合中一起的聚集。由於參與人數的緣故，我們認為若有一些事情是我們可以一起做的話，那是有些益處的。我們其中一些子女明顯認為，容讓事情更加自發地逐漸形成會有更大的好處。即使我們的婚姻是愉快開心的，我們也從來沒有後悔過決定第二次結婚，但融合我們的家庭的事情是我們不時要持續面對的挑戰。我們的融合過程是逐漸發展和互動的。這無疑是持續一輩子的事，我們和我們的子女與其家人也隨著時間過去而不斷地改變，我們也會以不同方式連繫在一起。

我們有興趣知道，假如我們沒有結婚，我們的子女會認為他們的（或我們的）生活是怎樣的。於是我們問：「**你是否認為你的家長保持單身比較好呢？有甚麼好處或壞處呢？**」

莎拉頗為直接地指出問題的核心：「不是的。我感到興奮的是，我媽媽找到一個愛的對象，而對方又能以愛回報。我自從認識她以來，她現在是最快樂的。我羨慕他們的關係，鮑勃為我的生命帶來祝福。我完全想不到有甚麼壞處。」

鮑勃的子女與莎拉的一些感想相呼應。克理斯廷說：「我不認為保持單身對爸爸來說是有好處的。他似乎生活得快樂，而我認為他與蘇珊在專業上的共同成就是大的。他們享受一起旅遊和冒險；如果爸爸保持單身的話，他便絕對不能這樣了。」

布賴恩補充說：「這一點是容易的。不，爸爸保持單身不是一件好事。他會很可憐。他保持單身的好處是我不需要與任何人分享他。如果我是那個作決定的人，我會選擇讓他再結婚，即使融合會帶來痛苦。」

卡麗的回應是與別不同的，她說：「我的爸爸結婚，比起我要求他結婚更有好處。」成年子女適應與接納生活中的新處境的能力，顯然取決於許多個別的因素。對健康地適應接納「新的常規」的其中一個主要元素，是他們的能力——把他們與已離世父/母的關係置於過去，讓他們有空間向前邁進。

根據我們的經驗，並專業知識與實踐，我們得知成年子女在父親或母親離世時所經歷的哀傷，與我們在丈夫或妻子離世時所經歷的哀傷是不一樣的。任何年齡的子女都傾向於在比較長的時期中，當他們經歷人生里程碑的事件時，會斷斷續續地哀傷，而仍在世的配偶的哀傷通常則是更有持續性地維持兩至四年；我們按這背景制定一個問題給他們。我們向他們提出的問題是這樣的：**「到目前為止，你覺得你在因父/母離世而哀傷的過程中，到了哪個地步呢？你想起你已去世的父/母的頻密程度如何？如果有的話，你感到憂傷和懷念他或她的頻密程度如何？**」他們的答案是坦白的，而且也證實了研究的結果，認為子女（包括成年子女）的哀傷是發展性的。

請聽布賴恩所說的話：「我真的不太喜歡這條問題，因為它彷彿在說，有一天我清晨起來的時候，做了一個決定要結束哀傷。我記得在我媽媽離世十週年紀念那天，我像一個嬰兒般哭了許久。我已經很多年沒有這樣了。我現在於哪個地步？我不知道。我沒有長時間地沉湎於她的離世或因此而情緒低落，但我常常想起媽媽。我可能每天都以某種形式想起她，無論是想起她已死了，或是很想知道她對我生活中某個情況會有甚麼看法。」

莎拉表達她對父親離世的哀傷經驗，也同樣坦白。「如果我停留在我的感受上，我會激動。我懷念我的親生爸爸，以及倘若他還在世的話，我們會有的關係。我不再為他的離世而哀傷了。當我有些時候心情低落時，我會為自己和為他感到難過。我很難說我有多頻密地想起他，但當我在密歇根州時，我對他的思念是多過在亞特蘭大的。有些時候，電視、收音機、照片，以及看見我的孩子與我丈夫一起時，也會令我想起他。它並非總是憂傷的思想，只是單單想起他。」

我們與雙親的結連是強烈的，往往不會隨著死亡而在情感上有重大的減退。子女們通常會難以想起其去世父/母的負面之處。如果他們傾向只是記起其去世父/母的優點，那便幾乎是不可能走過哀傷的過程。繼父/母的挑戰是要與其繼子女發展一段密切的關係，獨立於那已去世的父/母，同時仍然尊重他們與父/母的情感結連。當然，繼父/母應有一個健康的觀點，就是他或她是絕對不能取代已去世的父/母的，因為沒有一個人可以取代另一個人，但他們可以在其繼子女的生命中成為一個重要和親近的人。

克理斯廷與卡麗的回應幾乎是彼此呼應的，這是在里程碑事件中回憶已離世父/母的典型例子。卡麗說：「我常常想起我媽媽，但當我想起她時，不會真的感到難過。我懷念我們的關係，以及我們密切的母女連結。我某些人生的重大事件令我更加懷念她，例如我結婚的日子、我的孩子出生，以及最近我外祖母去世的時候。我想知道她對我的兒子有甚麼感想，她又會怎樣作他們的外祖母。」克理斯廷補充說：「我的媽媽是我這個人裏面不可或缺的部分，而我難過的是，我的子女永遠沒有機會見到她。然而，我的思念是快樂的，也會想到她會多麼以我和我的家庭為榮。」

這是我們的故事。我們的故事並未完結。生命是動態的，而關係會藉著不同的環境和處境持續成長或減退。這邁向密切、能起作用的「融合」家庭的路途是個挑戰。要留意的是，這是**挑戰**而不是**問題**。我們選擇以正面的字眼來看這個重新建構的過程，但這是一件艱巨的工作。盼望你從我們的故事中聽到，融合家庭與配偶/父母在世時的原生家庭是永不一樣的。然而，憑著愛心、意向、時間、忍耐及保留個人性格的空間，一個健康、新的含小塊式的家庭系統是可以形成的。但願在我們的故事中，你可以為你自己的旅程找到鼓勵、盼望和一些指引。

在我們離婚者的眼中

或許喪偶與離婚人士嘗試融合他們的家庭，其中最大分別，是在離婚之後，那個親生或收養父母與其子女的關係通常可以持續下去。這與父/母離世，持續的關係會結束的情況不同，離婚父母的子女必須要在兩個不同的家庭單位中取得時間和情感精力上的平衡。這兩個家庭單位是由他們親生或收養的離異母親和父親，和或許新的繼父/母所組成的。

我們請埃德和瓊評論他們把他們的家庭融合在一起的過程。我們之前提及過，埃德有兩個女兒，而瓊則有兩個兒子和一個女兒。埃德與瓊剛認識的時候，他們與其子女住在不同的城市，於不同的學校系統。以下是他們用自己的言詞講出自己的故事。

瓊對融合他們家庭的看法

「起初我們協議各自住在自己的家中，直至埃德的女兒與我的女兒讀完高中為止。這個情況維持了大概六個月，但這是昂貴的方式，而且似乎是沒有這必要。因此，我們計劃我們五個人如何在某處一起生活（我的兩個兒子都在大學）。考慮了幾個選項後，我們把自己的房子賣掉，一起買了一個房子。這原來是個災難，但我們仍繼續埋頭苦幹。融合過程最艱難的地方，是將所有陌生人帶入一個家庭中一起生活。把我們的個人常規打亂，是一件令人十分不知所措的事。當我知道埃德的一個女兒搬出外面的時候，我還不知道這會對我的情緒有甚麼衝擊。我真的想他的孩子能夠接納我是她們生命中一個重要的人。所以，我嘗試按她們的本相接納她們，也嘗試鼓勵支持她們。我花一點時間與她們個別相處，與她們建立友誼。我知道我不是她們的母親。我真的只是想愛她們。我鼓勵埃德持續與她們的關係，花時間單獨與她們相處，但他乎沒有這樣做過。我也嘗試不介意她們對我的抗拒。埃德與我養育子女的風格有這麼大的差異，他兩個女兒是不高興的。即使我嘗試不催迫埃德去關心我的兒女，他卻成為他們生命中重要的人。當我們聚集在一起的時候，在我們所有人當中似乎是有一種整體性，這實在是個祝福。

「由於我已離婚，我的孩子如何與他們的父親聯繫也是個問題。我已嘗試放下我的感受，鼓勵他們與父親建立關係。我認為他們有責任與爸爸和我維持關係，這一點他們是知道的。我不會在假期爭著要與他們一起，盼望他們能夠放鬆心情。」

埃德對融合他們家庭的看法

「結婚六個月，但並非居住在一起，我簡直是受不了。但這也是我在融合中最艱難的地方。我要瓊作我孩子的媽媽，我知道我給了她太多壓力。這導致瓊與我女兒之間的一些怨恨一直存留到今天。我嘗試不期望瓊的孩子把我當作父親。我關心他們，我只有一個渴望就是他們也能喜歡我。到現時，我認為我與我繼子女的關係是良好的。他們與他們的子女都是我生命中極大的祝福，而且他們全都接納我是他們擴大了家庭的一分子。我們真的彼此相愛。」

他們的孩子對融合他們家庭的看法

埃德與瓊結婚的時候，瓊的兒子戈登和特洛伊已搬到外面居住。瓊的女兒莉薩及埃德的女兒理德和林恩（Lynn）還在讀高中。林恩選擇不參與本書的寫作，因此她不回答問卷。由於我們想知道對埃德與瓊的孩子來說，把兩個家庭結合起來是怎樣的，我們問：「**把你們兩個家庭融合，哪個地方是最困難的？怎樣做會對你更好呢？**」

莉薩的回答是坦白的，她說：「對我來說，最艱難的部分是與另一個男人分享我的生活空間，以及與埃德的兩個女兒同住。我妒忌我的哥哥，因為他們住在大學，不用面對融合的過渡期。埃德的兩個女兒對搬到另一個城市，及在新的中學讀書似乎不太感到興奮。第一年是艱難的，我們住在一起，也在同一間學校讀書。我和她們是很不一樣的，起初我們相處不來。我只想住在我的舊房子裏，單單與我的媽媽一起生活。我不知道有沒有更好的方法把兩個家庭融合在一起。我認為我的媽媽與埃德已經做得很好。我只需要一些時間去適應與其他兩個女孩子一起住，而她們與我的年齡是這麼接近。」

埃德的女兒理德的回應差不多與莉薩相同。她寫道：「按我的記憶所及，我們沒有真正討論過關於把兩個家庭融合起來的想法。我記不起我爸爸曾說過，我將會有兩個新的兄弟和一個與我同年齡的姊妹。我覺得整個轉變是**非常**太過迅速了。在我還不知情的時候，爸爸已讓我的姊妹和我，從我們出生以來一直居住的家鄉搬到瓊的家中，入讀一間全新的學校，比我們以前的學校大三倍，而且我們還有一個新家庭！好像『這樣做吧——願你們與新的兄弟姊妹好好相處』。我強烈地覺得整個過程應該是要循序漸進的。或許有一個週末相處，或一個假期，或者有些東西可以讓我們認識我們的新生活。我知道若我事前有探訪過那新學校的話，我就絕對不會欣然地搬到那裏。我的爸爸與瓊都可以告訴你，這個嚴峻的挑戰令我十分苦惱，而要令他們的生活變得十分可怕，成為我個人的任務。我是個十分憤怒和情緒化的青年人。」

特洛伊和戈登的媽媽與埃德結婚的時候，他們已經不在家中居住了。戈登所反映的可能就是他們兩人的感想：「我不以它為一件大事，因為我已經不在家裏住。我在家中與這個融合家庭一起的時間很少。」

把兩個女孩子搬去與他們新近結婚的父母同住，顯然是個挑戰和有壓力的處境。故此我們也提問：**「你是否看見於融合家庭裏生活有任何好處或祝福？可以做甚麼令這過程更暢順呢？」**

特洛伊在這個課題上表達得十分清晰——甚至有一點哲學性。他說：「埃德的存在使我的生命更豐富和有活力。在許多方面，他帶來了不同的景象，表現一個父親是可以怎樣的，同時他又是個很好的朋友。若要令這個過程進行得更暢順，我會鼓勵他們坦白地與我們談及把兩個家庭融合所引起的張力與潛在的不愉快，以及詢問我們在過程中的感受，容許我們有混亂和憤怒的空間。即使這個融合的過程順暢地進行，把家庭融合起來是個終極標誌——承認你喪失原生家庭的哀痛。」

理德明白負面的經歷可以帶出正面的事情，但絕對不會免卻情感的代價。她說：「我覺得整件事情都發展得太快。它應該有一個介紹的階段。我覺得我的爸爸是那麼急切地想實行所有事，以致他忽略我們兩姊妹的警示信號。當我到了十七歲，我便離開我的爸爸和瓊的家，去與我媽媽同住。我簡直是處理不到這件事。在這樣做的同時，我留下我的妹妹孤立無援。這是我永遠不能饒恕自己的地方。我在這方面是十分自我中心的，沒有想到她的需要。然而，即使在最淒慘的處境中，祝福總會臨到。我覺得我的祝福是有更多家人。我現在喜愛我的新家庭。但起初我十分不喜歡每一個人。我覺得這個處境有助我更能應付我自己人生中的改變。」

戈登與莉薩的回應都是頗為實事求是和直接的。戈登簡單地說：「最大的祝福就是我的子女有許多表親。」莉薩補充說：「從我們的融合家庭所得到的真正祝福，是向別人付出愛和接受別人的愛。我的媽媽與埃德一起開心很多。我一切的禱求，就是我的媽媽與爸爸在他們新的婚姻關係中能快樂。」

正如我曾提及，離婚後把兩個家庭融合起來所面對的挑戰，意指子女現在要繼續以某種形式與已離異的父母，以及新父/母維持關係。因此我們問：**「在特別的日子中，尤其是在假期的時間，你要嘗試平衡跟你雙親與新的融合家庭共處的時間，你有甚麼感受呢？」**

理德反映說，這個新的融合家庭令她極之忙碌。「假期實在是十分、十分忙碌。現在我也結婚了，我們在聖誕節通常要到六個不同的地方。這是有點瘋狂的，但爸爸和瓊把他們的舞會改在假期之後，讓我們每個人都可以輕鬆一點。」

莉薩看見差不多的情況，她說：「在我的雙親與融合家庭中取得時間上的平衡是一件富挑戰性的事。非假期的時間似乎是無問題的，每個人都可以有些彈性。但是在假期的時候就有困難了。我嘗試取悅我所有父母，我也想能夠與每個人見面。但並不是每個人的時間表都能與別人的配合。通常所有事情到最後都能落實，並且大家都開心，但是這就有如一場雜耍。」

戈登與特洛伊把忙碌的主題放在最首要的位置。戈登寫道：「我們經常是匆匆忙忙的，我覺得如果不需要見這麼多人的話，我們便會輕鬆一些。再加上我們有了自己孩子之後，情況就更惡劣了。」而特洛伊也評論說：「在假期裏，我感到筋疲力盡，起初的時候，我還有點抱怨。有若干年的時間，我感到似是行走在一個情緒的地雷陣上。我們身為成年子女，有好幾年是忙得不可開交的，因為所有人都對我們有期望。近年情況有好轉，因為實行了輪流放假的做法。然而，即使我們所有人都同意這些（大部分）做法，仍然有受傷的感受給表達出來，有時候是隱約地，有時候是公然地。」

因此，我們很想知道他們與自己的雙親繼續建立關係的情況，所以我們問：**「你與你父母中任何一個的關係有沒有改變呢？如果有的話，有甚麼改變？你花時間與你父母和其新伴侶相處時，情況如何？」**

戈登現在已經結婚，他說：「我與爸爸的關係有最大的改變。在我自己的婚姻中，我學了我爸爸對待我媽媽的一些不良行為。我甚至不察覺我這樣做。我生來就一直看見和體驗這些行為，視這些為『正常』的。當我有所察覺之後，我能夠改善我的行為，我也懂得如何用更健康的方式與我的爸爸溝通。」

莉薩領悟到繼父在她的生命裏是個十分重要和幫助她的人。她寫道：「當談及父母和繼父母的時候，每個子女都有不同的關係和看法。有些人的關係可能比其他人的更密切。對我來說，我與我媽媽的關係一直都很密切，又因為我與她的關係親密，我也與我的繼父建立了美好的關係。我把他看作是父親的另一個形象，因為他是那麼有愛心和仁慈，他會為他的孩子做任何事。我見到他愛我的媽媽，這是其中一個我愛他和尊重他的原因。我與我自己爸爸的關係也有好轉。我與我爸爸的親密程度不如我所想的。我認為我們仍然在我們的父女關係中掙扎，因為我們兩人處事的方式不一樣。自從他離婚之後，我已經原諒他，而我也嘗試繼續發展我與他，和我與我繼母的關係。」

另一方面，理德現在視她自己的雙親為分別存在的個體，兩人在多方面都是不同的。以下是她的回應：「我的媽媽仍然單身，她的生活與我爸爸的截然不同。我認為我雙親的狀況比以前更好。現在我已成年，獨立地認識他們兩人，我很難想像他們以前竟然是夫婦。」

玩雜耍、走鋼索，無論你選擇用甚麼比喻，未獨立和成年子女與其雙親和繼父母建立和維持健康而滿足的關係，是一個真正的挑戰。你不可能期望這條路是平坦和容易的。但盼望埃德與瓊的故事和他們的子女的觀點，可以讓你在自己的旅程上得著一點亮光和方向。

總結

這四章篇幅的焦點，是選擇進入另一段親密關係、再結婚，以及融合兩個包括未獨立和/或成年子女的家庭。我們已談及朝向這方向的一些理論與實踐問題。我們也分享了我們作為喪偶者與離婚者，經驗把兩個家庭結合起來的故事。如果你正處於這個過程中的某一點，我們希望我們的故事能幫助你，視你所面對的挑戰為常態，也對你有所鼓勵。

我們也理解到有許多人在喪偶或離婚之後便不想再結婚，或者找不到適合的伴侶。如果這是你的情況，而你又已經讀了這幾章的話，盼望你會更加認識再結婚與融合家庭的祝福與痛苦。我們鼓勵你們所有人都翻到總結的一章。無論你是再結婚或是保持單身的，你怎樣著手處理前面的路呢？對於將來，你認為有多少盼望呢？從現在開始的五至十年後，你認為你的人生輪廓將會是怎樣的呢？又如果你已很清楚知道你的目標是甚麼，那麼你會怎樣以一個健康和有成效的方式努力達成它呢？

8.

擁抱你的過去——為你的前途加力
向前行的藝術

加理的日記：當我閱讀我比較早期的日記時，我再次明白到當埃莉諾離世後，我是多麼的淒涼。我感到多麼的孤獨、多麼的荒涼。好像有人把我將來的門猛然關上——沒有甚麼可以期待。她死了超過兩年，我真的已經從這個艱難的經歷中學習和成長了很多。對我來說，最大的洞悉和安慰是我終於能夠相信我是有將來的，即使我真的完全不知道將來是怎樣的。我在一些日子中所遇到的機會，是我甚至現在看來都感到興奮的！哀傷的情緒與痛苦使我在早期不能相信這是會發生的。但在走過一段十分艱辛的路，到達一個更平坦的地面上時，我學習到我不僅**能夠**向前邁進——我是**需要**有意識地作出這個決定的。艱苦嗎？當然是的！但這也是使人得釋放的。現在我明白我不需要知道一切關於我將來的細節。我仍然沒有想過，我是否會再結婚，但這是沒有問題的。我確實知道我現在已預備好回到生活當中，看看將來會存留甚麼給我。

斯泰西的日記：在我丈夫離開我和孩子的日子前後，我感到十分受傷。我現在知道，我在離婚後突然與本約會是太快的。我想我是嘗試證明我的價值，也是要找人幫忙我在沒有丈夫的情況下管理自己的生活，而不是學習靠自己。我與本約會了四個月後便不再與他見面了，因為我覺得我是在利用他，我驚訝我現在一個人是更加堅強和更得力。我已經單獨去了幾次週末的旅行。我學會自己啟動釣魚船。我獲得一份新的工作，這是我從以前的工作崗位中得到的晉升。我真的到了一個地步，就是我認為我差不多可以做任何事。我喜歡成為「我」。當然，我為到我不能與前夫有一段良好的婚姻而感到惋惜。但或許有一天我可以與另一個人建立美好的婚姻。本實在是個好人。我可能會讓我們早前的約會關係再次有發展的機會，但我知道這一次我是帶著堅強的姿態的。現在我認為我或許會**想**與本約會，但我高興的是，我知道我不再是**需要**他了！

準備揭開新的一頁

有一件事情是肯定的。在你配偶離世或與你離婚後，你的生命不會終結。你仍然在這裏，並且努力於制定往後的事情。改變，是你邁向創造你的人生新一頁的固定伴侶。情況是會有所不同的。經過這個具毀滅性的重大人生危機，你正在重新建構你自己，與以前不再一樣。當你發展你生命的道路時，你可能不知道它將會是怎樣的。然而，這正是相信與信任明天會更好的有用之處。

我們在整本書裏所表達的一個重要主題，就是你若要重建快樂與滿足的生活，你是需要**刻意地**實行的。你，並惟有你，必須要決定你要往哪裏去。你知道你不能走回頭路，回到你「舊有的常規」，因為那意味著你以前的伴侶需要於你的生活中再出現，而你也要回復昔日的你。在你的旅程的某一點，你需要做一個有意識的決定，真正地**選擇**活在現今和擁抱將來，把你與伴侶的生活置於過去，自己一個人繼續向前進。你顯然已經從你婚姻關係的終點走了一段路程，而你現在可能會更加賞識這個「旅程」的比喻在你生命中的能力。你可以看見你已經走了有多遠，並且可以把你的目光定睛於你將來所喜歡的生活方式上。

在這總結的一章，我們鼓勵你做兩件事：首先，要運用你過去的經驗，並從中學習，使你能成長，作一個健康而有智慧的人，而不是帶著悔恨、憤怒或失敗感生活。第二，我們也希望鼓勵你重看你在結婚前的人生目標，以及在婚姻中的人生目標，決定當中有哪些目標，也連同一些新的目標，是你希望在下一個階段要追求的。

然而，在進一步拆解這點之前，我們希望你用幾分鐘時間反思你在走過哀傷的過程中，學到甚麼關於哀傷的事情。盼望你已擁抱這前提，就是面對痛苦的事情是惟一的方式，真正幫助你痊愈，並且助你經過任何難處理的事情。舉例說，如果你一直逃避一些伴隨著痛苦的事情，例如是沒有你配偶的陪同下，去一個你最喜歡的度假地方，或是出席家庭團聚活動，那麼你便要為你自己的緣故再次回到那些痛苦的地方去克服它。你的配偶離世或是你的婚姻破裂後，你需要面對你的喪失裏的一切元素所帶來的痛苦，並且準確地評定你在當中學習到甚麼，好讓你能重建你的生活。我們盼望你會理解到這樣做的重要性：刻意反思你從過去所學到的，並且在這個反思過程中仔細思考，為你的將來做抉擇。

仔細思考從你的個人經驗中學習

你怎樣可以仔細思考和刻意地從你過去的經驗中學習呢？我們認為最好的方式莫過於主動地查究你的思想、心和靈，思考你已學習到甚麼。我們認為用手或電腦把這些東西寫下來，是實際地看到和明白你生命中所顯露出來的事情的最好方法。即使你並不十分享受寫作，我們也敦促你嘗試寫出來或寫日記。有些人覺得最容易是在他們的日記中寫信（其實是不會寄出的）給他們的舊伴侶，以及寫信給在旅程當中到目前為止，牽涉在你所遭遇的事情上的人。無論你運用甚麼形式，要考慮用某種日記的形式記錄你對自己經歷的反省，以及你從中所學習到的功課。

我們提議你寫日記時採用一個四個步驟的過程。首先，描述你的經歷，以及你從「我們」到「我」的旅程中的一切思想和感受。正如在這一章起頭的例子，或許當你把在哀傷過程較早期的思想和感受與現時的作比較時，你會因著它的差異而受到衝擊。你可能會有些想法，如「我一向都是經常發怒的，但我現在比較少激動了」，或者是「我以前失去我的配偶，為孤獨的前景感到不知所措，但現在我真的能期待我獨處的時間」。或許你要把一些仍然困擾你的事情記錄下來，例如「我已婚時，一向比較有信心自己一個人做事。至少我知道，當我質疑自己在做甚麼的時候，有一個支持我或肯定我的人。他在兩年前離世了，我還是沒有勇氣做一些我以前做過的事。我們以前常常在美國到處旅遊，現在我連獨自遠離家園一百里也沒有膽量。」

第二，對你處理你的經歷，以及與你寫了下來的事有關的思想，你要進行價值判斷。你所講的事情對你是一件好事嗎？是一件不太好的事嗎？你可能記錄了一些說話，如「我並不如以前那樣容易生氣，我認為這是一件好事」。或是「我認為我需要在獨自處事時更加有信心，那麼我便可以做我享受的事」。然後，把能夠增加你獨自處事時的信心的方法寫下來。一個按部就班的方法，先從處理簡單的事情開始，然後到更加困難的事，有助減少你的敏感，使你逐步獲得信心。隨著時間過去，寫日記的過程可以幫助你見到成長，而你現今正在掙扎的問題，最終不會再是問題。

第三，列出作為你的判斷基礎背後的原則、真理、價值觀或信念。要說一件事情是好還是壞、健康還是不健康，你心裏面是有一個依據的。在大部分時間，這個價值觀對你來説十分清楚。整天都生氣或懷恨是不健康的。即使從你的信仰觀點或世界觀來看，都是錯誤的。另一方面，你可能會認為相對於倚賴別人，獨力辦事是更健康的。在你的估量中，這可能是好的，因為你認為在這個世界上，能夠自給自足是一個更加健康的方式。舉一個例子，最終你可能想要獨自去一個為期一週的公路之旅，然後以此為一件健康和美好的事情。

最後，要決定你如何把這洞悉結合你的生命中。運用你的日記寫一份具體的計劃，是關於你如何達成你的目標的。或許你想嘗試更加獨立地自己處理一些事情。那麼，從到快餐店吃午餐這類小事情開始，進而到有餐桌服務的飲食店鋪。然後，從獨自去看電影日場，至最終去音樂會或看劇戲。到了這時，你可能已經準備好在外面過夜或獨自在週末去旅行，即使你起初可能會被這個想法所嚇怕。或許你會學習到那麼享受你的獨立自主，以致倘若當你決定你真的要進入另一段委身的關係時，對方必須要認同和尊重你新發現的自由感覺，隨你自己的意思進行探索。當你主要靠自己能夠管理和照顧自己的時候，那種感受是美妙的。帶著需要並不是一個健康的方式去進入你人生的新階段，或與新的伴侶建立關係。

為你的生命訂立新的目標

我們一直談論怎樣決定你的將來目標，並且發展一些策略，以幫助你達到這些目標。但你如何決定哪個或哪些目標是你應該追求的呢？你是否準備要轉換工作？如果是的話，你需要獲得哪種教育水平或訓練呢？你是否準備要搬到本國（或世界！）的另一個地方呢？你需要作甚麼準備呢？你應該發展和培養哪種關係，又有甚麼最好方法使你保持活潑的友誼？若是讓自己過一天算一天地生活，看看會有甚麼際遇，這是否會更加好呢？我們認為並非如此。我們認為刻意和有目的地生活是極之重要的，盼望你在你的配偶死亡或你與配偶離婚後的哀傷旅程中，能學習到這一點。現在你擁有訂立你自己人生方向的機會和挑戰了。你是否應該保持單身，進行社交上的約會或認真地約會，打算最終會再結婚，並且如果你有子女的話，把你們的家庭融合起來？這些課題全都需要你明確地選擇。這些行動，致力於有目的的行動是能夠引導你朝向那個目標的。

可是有些時候，你的環境不如你意。舉例說，你可能想再結婚，但卻找不到適合的伴侶，即使這是你的目標，而且你也有一個具體的行動計劃。這是令人洩氣的，尤其是如果你真的想再有一段親密的關係的話。但你不能總是可以操控到你達到目標的時間，尤其當它牽涉到另一個人。將來的伴侶可能仍然會在你生命的路上出現。不要放棄，但要重新制訂你的意願，好讓它不會成為你最主要的焦點。這有點像一對有懷孕困難的夫婦。有些時候，他們愈是努力嘗試，他們就愈難懷孕。但當他們決定要領養孩子的時候，你經常會聽到他們成功懷孕。要刻意地追求你的目標，但是如果你遇到你不能控制的阻礙時，便要有彈性和調校你的目標，讓你自己有些自由和時間。我們發現當一扇門關上的時候，往往另一扇門便在某個地方打開。

要謹記：設定目標是需要兩個具體行動。一個是確定你的具體目標（就是那件你想成就的事），第二個行動是決定你如何達到這個目標（追求這個目標的方法）。舉例說，你想結識一些新的單身朋友。這是你的目標。但你會怎樣做呢？有些人可能會採取直接的方法，加入互聯網的社交或交友網站。另外有些人會參加一些他們感興趣的活動，當中也包含認識新朋友的機會。共同的興趣（例如玩橋牌、學習揮高爾夫球球桿、在社會組織中當義工、在社區的樂隊中玩樂器，或者加入一個滑雪俱樂部）往往讓你可以與一些人接觸，隨時間成為親近的朋友。無論你的具體行動計劃是甚麼，要知道你若更多投入生活，對你自己和對別人，你都會更有趣味和吸引力。

要謹記，你所擁有的創意和想像力是得天獨厚的，你可以運用它來達到你的新目標。總要向驚喜開放。要抱持這句座右銘：「沒有冒險，沒有收穫。」要嘗試以不同的方式去達成你的目標，而且你要知道，有些時候甚至你的目標也可能會改變。達到一個目標之後，它可能會引發另一個你從來未夢想過或思想過有可能的目標。信任和相信你自己，你便會驚訝原來有這麼多扇門是為你開的。喜歡你自己，落實實踐好好照顧自己。為了配合這方面，致力建立一種對別人的興趣與體諒。盼望你在將來的人生路途中擁有許多新的機會、喜樂和成長的福分。

另一件事情是需要重新檢視的，就是你自己對生命的更深層哲學，以及對事情之所以發生的信念。換句話說，你要嘗試為你自己的緣故，了解為何這特別艱難的喪失會在你的生命中發生。你曾經走過一段改變生命的重要歷程，如失去你的配偶，你的信念體系便需要重新被評估，並且需要重新被肯定或是重新調整。我們的觀點是，事情最終是會讓你得著好處，即使當時似乎看來並非是這樣。無論你的宗教信仰或人生哲學是甚麼，你應該能夠證實在你生命的際遇中，壞事已經帶出美好的事。你的配偶離世或與你離婚是一件壞事——很可能完全不是你想要的。但是你是否已經看見太陽再次照耀著你，看見你裏面有新的成長證據，而且甚至令你感到驚訝，你已成為怎樣的人呢？所發生的壞事有方法煉淨你，使你更加完全、敏銳與有同情心，同時又讓你對生命有更多的信心。對於你走過你前度配偶離世或你與你配偶離婚的路程，最終可能會出現的任何事，你也會有更強的復原能力。

給喪偶者的話

我們的配偶離世後，在我們喪偶者的哀傷旅程中，出現了兩個情況。我們大家都個別地發現我們享受那種作為一個單身、成熟和有經驗的成年人的自由和彈性的新感覺。在我們第一段婚姻之前，我們兩人都甚少有機會過單身生活。因此，起初的時候，獨處是一種陌生，而且有時是令人不知所措的經驗。第二件事是我們發現有許多活動和參與是我們從來未嘗試過的。我們都獨自到新的地方旅遊，正如我們提議你們做的一樣。我們大家都發現我們能夠把所有的家務責任都處理得十分好。我們學習到享受獨處的時間。我們認識新朋友。我們在社交上變得活躍。經過一段時間之後，我們愈來愈覺得如果我們遇到一個切合我們期望和條件的人，我們會對另一段親密關係開放——我們在哀傷旅程的較早期認為是完全不可能的事情。

那麼，它對你這喪偶者有甚麼含意呢？首先，你要評估你是否已經走完你的哀傷旅程。在我們的書《當我所愛的人離去了》中，我們包括了一張有二十四個項目的清單，幫助你認識你甚麼時候會走完你的哀傷旅程。[6] 它們是基於五個哀傷的目標，是你必須完成才能走完這段哀傷旅程的。如果你在情感上接受到你的配偶已經死去的現實；表達了一切與你的喪失有關的情緒；把你的配偶置於過去，作為一個珍貴與隨時可及的回憶；以一份新的自信來重新定義你自己，並且已重新投放資源於你的生活中（結合一些你之前的關係和做法，並且也發展一些新的關係和做法），那麼你便準備好邁向將來了。

如果你定意要約會的話，要肯定你能夠在自己的思想中把你前度配偶與現在與你約會的人區分出來。你與約會對象的關係是不能與你已離世的配偶混淆的。另一方面，如果你仍然有傾向作出比較；無意中用了你前度配偶的名字呼叫他／她；或是觸動到很多與你前度配偶一起生活時的情感回憶，那麼你就應該向任何新的戀愛關係按下暫停的按鈕，首先重溫我們就著你在配偶離世後處理你的哀傷的提議，並且實踐。[7]

給離婚者的話

一個人離婚之後，生活通常有一段相當長的時間會處於混亂中。你需要作出無數的調整和數千個決定。因此，當我們建議你成為一個反省的人，並花時間寫日記的時候，你在較早的階段會把這個建議擱置，認為它是不切實際的，也與你所面對的事毫無關聯。但盼望現在你的生活在外表看來已回復一些平衡。你與你的子女和擴大了的家庭正在樹立新的生活常規。你可能也有新的社交生活模式。因此這也是時候對整個經歷作出認真的反省，找出你從中所學到的。許多曾經離婚的人被糾纏不休的個人失敗感所困擾。如果這是問題，那麼你已經處理好嗎？你是否已經盡你所能，辨明你促成前一次婚姻破裂的行為或態度？訂定將來目標的過程，是極其取決於你自我評估的誠實與坦白程度，尤其如果你對約會有一些興趣，又或許會進入另一段親密的關係。我們盼望你能夠把這章所提議的原則與技巧應用在你個人的生活中，以致你能為自己訂立精彩、現實，而且是可以達到的生命目標，保持單身或決定要再約會。

我在熱忱與得力方面的屬靈旅程

關於面對你的將來，聖經有甚麼教導？

第四世紀的主教尼撒的貴格利（St. Gregory of Nyssa）談及亞伯拉罕回應神的呼召離開自己的祖家，並不知道往哪裏去——是他朝向正確方向的一個確實的標記。當摩西必須要帶領以色列人穿過曠野，或者當門徒回應耶穌「來跟隨我」的呼召時，情況也可以說是一樣的。你的將來可能似乎是一個深奧而黑暗的奧祕。你可能完全不知道自己想走哪一條路。抉擇！你需要做這麼多的決定，而你又怎麼知道哪個決定對你是正確的呢？

重新再開始——擁有第二次的機會——是一個機遇，同時也是挑戰。你有一個機會可以重新創造你的生活，形式與實質都帶來滿意和滿足感的。你也有一個巨大的挑戰，因為這努力是需要很多艱苦的經營。關於面對將來，聖經對我們有甚麼教導呢？當你把你的生命重新整合起來時，神會為你做甚麼，又會與你一起做甚麼呢？

首先，要謹記神正在看管著。祂是那位領導者。在你剛剛過去的日子中，情況似乎不是這樣的。配偶離世或你離婚時，你可能會十分懷疑在整個過程中神在哪裏。只要謹記，神從來沒有承諾你的生活是沒有煩惱或艱難的。相反，祂承諾你會明確地給你力量和方向，因為你是會遇到煩惱和艱難的。詩篇二十三篇應許說：「我雖然行過死蔭的幽谷，也不怕遭害，因為你與我同在；你的杖，你的竿，都安慰我。」

第二，雖然你的生命出現了這決裂，但它仍然是一個沒有接縫的故事。離婚或死亡似乎使你的生命有一個重大的繞道——一個重大的決裂。突然間，在這個決裂之前的一切都與之後的一切隔絕了。但事實並非是這樣的。你仍然是你。那位在你童年、青少年期、剛成年和在成年的歲月中守護著你的神，同樣是現在與你同在的神。對你來說，這離婚或死亡可能是你要面對的、最大的改變生命的事件。但對主來說，這些改變沒有一樣能夠擾亂祂在你生命中的主權和領導。祂帶領以色列人橫過紅海。祂能夠叫拉撒路從死裏復活。祂藉著祂的靈鼓勵早期新約教會面對難以形容的迫害。然而在經歷這一切之後，神仍然是祂始終如一的自己，永不改變，永遠是恩慈的。

第三，神帶領你走的方向，往往是你沒有預期的。神支配著我們的方向感。祂不一定要採用最短的路徑。但是祂會給予清晰和不能擾亂的指引。神甚至在祂的引導中給我們有選擇。祂不會用拴狗頸的皮帶來拖拉我們，強迫我們要服從祂每一項命令。神帶領以色列人進入曠野向紅海進發的其中一個原因，是祂不想他們在偶然碰見非利士人的軍隊時便逃回埃及，你是否留意到這一點呢？他們需要選擇跟隨祂的帶領。有些時候他們會這樣做，他們便得到祝福。有些時候他們不這樣做，他們便要承受後果。我們仍然要決定跟隨祂。再次成為單身，就好像你在曠野面臨紅海一樣。但是神在那裏與你同在。透過禱告、默想、寫日記，以及與你信任的朋友和顧問傾談，你會找到許多有創意的選項來重新配置你的生命，是你以前從來沒有考慮過的。由於你現在是單身，有些選項是你是已婚者時顯得不可能的。要考慮每一個可供選擇的方案。

第四，神容許你輕鬆地持守你的決定。你可以藉著多種方法來達成目標，但始終目標是會達到的。以色列人真的能到達應許之地。神把產業賜了給他們。有些時候，他們需要改變他們的方向和計劃。四十日可以走完的旅程卻用了四十年的時間。目標不是立即可以達到。你餘下的一輩子也可在跟隨神帶領的事情上努力。在一路上，你或許已經經歷很多繞道、障礙和擾亂。但神仍然在帶領。

最後，神既然帶領，祂也會完成祂的目的。祂的應許是確實的。當耶穌與祂的門徒站在被捕、審訊和被釘十字架的邊緣時，耶穌向他們保證，祂的手穩握著那將來。祂在約翰福音十四章說：「你們心裏不要憂愁。你們信神，也當信我。……你們奉我的名無論求甚麼，我必成就。……我留下平安給你們；我將我的平安賜給你們。我所賜的，不像世人所賜的。你們心裏不要憂愁，也不要膽怯。」當你面對彷似奧祕的將來，但是是祂手緊握的將來，我們盼望和祈求這些話語也能鼓勵你。在不確定的人生旅程中，在神裏面卻是有確定的。

註釋

1. Susan J. Zonnebelt-Smeenge and Robert C. De Vries, *Traveling through Grief: Learning to Live Again after the Death of a Loved One* (Grand Rapids: Baker, 2006). 中文版：《當我所愛的人離去了》（香港：基道出版社，2008）。
2. Richard J. Foster, *Freedom of Simplicity* (San Francisco: HarperCollins, 1981). 中文版：《簡樸生活真諦》（香港：學生福音團契，1987）。
3. T. H. Holmes and R. H. Rahe, "The Social Readjustment Rating Scale," *J Psychosom Res* 11 (1967): 213～218.
4. 我們更改了他們和其子女的名字，以保障他們的名字不被公開。
5. 改編自從這網頁中找到的一個版本：ths.gardenweb.com；瀏覽於 2008 年 11 月 13 日。
6. Zonnebelt-Smeenge and De Vries, *Traveling through Grief*, 119～122.
7. 閱讀我們的書*Getting to the Other Side of Grief: Overcoming the Loss of a Spouse* (Grand Rapids: Baker, 1998)，可能會對你特別有幫助。

讀者意見表

緊扣時代 服事教會

以文字傳揚基督真道

衷心多謝你購買本社書籍。本社一直致力以出版事工服事教會，幫助信徒扎根於神的話語，促進靈命增長。為使我們的出版更能滿足你的需要，請填寫下列各項資料，並寄回或傳真予本社。

所購書籍：______________________

本書最吸引你的地方：
□作者 □適切性 □文筆 □設計 □實用性
□其他：______________________

購買本書地點：
□基道書樓 □基督教書店 □非基督教書店

性別：□男 □女 職業：______________

信仰：□基督徒 □非基督徒

年齡：□ 16 歲或以下 □ 17～25 歲 □ 26～35 歲
□ 36～55 歲 □ 56 歲或以上

學歷：□中三或以下 □中五 □預科
□大學 □研究院

□我欲更多了解基道出版社的事工及考慮支持，請寄給我下列資料：
□機構簡介 □新書資料 □基道會員通訊
□《基道文字事工通訊》

姓名：______________________ 電話：______________

地址：______________________________________

____

傳真：______________ 電子郵件：______________

其他意見：______________________________________

____

多謝賜教！

基道出版社

意見表可以傳真（2687-0281）或直接郵寄以下地址：
香港沙田火炭坳背灣街26號富騰工業中心1011室
基道出版社編輯部收